图说關公文化

运城市河东博物馆 编著

文物出版社

责任编辑　赵　磊
责任印制　张　丽

图书在版编目(CIP)数据

图说关公文化 / 运城市河东博物馆编著. -- 北京 : 文物出版社，2015.6

ISBN 978-7-5010-4184-8

Ⅰ. ①图… Ⅱ. ①运… Ⅲ. ①关羽（160～219）－文化－图解 Ⅳ. ①K825.2-64②G122-64

中国版本图书馆CIP数据核字(2014)第289154号

图说关公文化

编　　著　运城市河东博物馆

出版发行　文物出版社
社　　址　北京市东直门内北小街2号楼
网　　址　http://www.wenwu.com
邮　　箱　web@wenwu.com
制版印刷　北京图文天地制版印刷有限公司
经　　销　新华书店
开　　本　787×1092　1/16
印　　张　16
版　　次　2015年6月第1版
印　　次　2015年6月第1次印刷
书　　号　ISBN 978-7-5010-4184-8
定　　价　238.00元

图说关公文化

主编 杨明珠

副主编 郭永贵

目录

不朽的形象，永恒的文化（代序）

说到关公，中国人都知道。有人称他关老爷，也有人称他关帝、关圣。其实，他的真名实姓叫关羽，字云长，前面所说的都是人们对他的尊称。他本是三国时期刘备方面的一员大将，死后800年，又在人们心目中复活重生，在民间传说中，在文艺作品中，形象不断丰满，于是，历史上的关羽和民间传说、文艺作品中的关老爷成为关公文化中的三个组成部分。要研究关公文化，就要把三个部分看成一个有机的整体，否则就是片面而没有说服力的。我们似乎可以这样理解，史书上面的记载是这种文化的基础，民间传说是延续部分，而文艺作品中的关羽则是无可置疑的主体部分。更确切地说，就是以《三国演义》里的人物形象为依据的。

为什么这样说，那是因为史书上的记载过于简单，民间传说里的又过于松散，只有文艺作品中的关羽形象才是最丰满的，有血有肉的。历来众多的人，了解关羽都是从《三国演义》里得来的。出现这种现象并不是偶然的，是人们认识过程中的必然结果。试想，史料中的内容谁也不好删改，民间传说又缺少系统性，只有文艺作品是在前二者的基础上，经过文人的反复润色，其形象性越发地突出、鲜明，这样的形象也最容易为人们所接受。

《三国演义》在诸多的文艺作品中，当仁不让地拔了头筹。在林立的人物形象之中，关羽集义和勇于一身，显得十分夺目。加之作者刻意地描绘、渲染，使之形象不断高大、完善。和史料、传说相比，这个形象毫无疑问地具体化了。

在《三国演义》里关羽是武艺绝伦、顶天立地的英雄。许多关键的时刻都是他挺身而出，来大显神通的。比如十八路诸侯讨伐董卓时，一开始遇到董卓的大将华雄，一连折损了好几员大将。盟主袁绍叹息道："如果我的大将颜良、文丑有一人在，那就好了……"这时候，关羽闪亮登场了——"言未毕，阶下一人大呼出曰：'小将愿往斩华雄头，献于帐下！'众视之，见其人身长九尺，髯长二尺，丹凤眼，卧蚕眉。"这几乎是他今天标准像的初绘了。彼时，他还自称小将，以后作为大将、虎将不断出现，形象逐渐高大起来。

关羽可以说是一个被神化了的人物。著名的文人聂绀弩在为《三国演义》作序言时就说过，"关羽不是人，是神，而且历代加封，直封到'盖天古佛'，成为人与神的极致"。关羽是怎么成神的，有人说是历代封建统治者，为了麻痹人民树立的偶像。其实确切的说法是，对关羽的信仰来自民间，封建统治者是顺应民意才崇拜加封的。

有人说树立关羽的威信和元代的大戏剧家关汉卿有关。诚然，他在杂剧《关大王独赴单刀会》里，确实给关羽涂以重彩，对其形象的威严起到重要的作用。请看在第三四折里是怎样表达关羽心声的：

【剔银灯】遮莫他雄赳赳排着战场，威凛凛兵屯虎帐，大将军智在孙吴上；马如龙，人似金刚；不是我十分强，但提起厮杀呵摩拳擦掌；排戈甲，列旗枪，各分战场。我是三国英雄汉云长，端的是豪气有三千丈。

【双调新水令】大江东去浪千叠，引着这数十人驾着这小舟一叶。又不比九重龙凤阙，可正是千丈虎狼穴。大丈夫心别，我觑这单刀会似赛村社。

【驻马听】水涌山叠，年少周郎何处也？不觉得灰飞烟灭，可怜黄盖转伤嗟。破曹的樯橹一时绝，鏖兵的江水犹然热，好叫我伤惨切！这不是江水，二十年流不尽的英雄血。

【雁儿落】则为你三寸不烂舌，恼犯我三尺无情铁。这剑饥餐上将头，渴饮仇人血。

【得胜令】则是条龙向鞘中蛰，虎在座间蹇。今日故友每才相见，休着俺兄弟每相间别。鲁子敬听者，你心内休乔怯，畅好是随邪，吾当酒醉也。

真是大英雄气概，唱词有气魄又有文采，表现似乎已经到了极致。遥想当年在杂剧的舞台上，也是声情并茂，台上唱得激情满怀，台下听得热血沸腾，当然最踌躇满志的还是我们的戏圣关汉卿了。

关于关汉卿塑造关羽的形象，还有一个说法，就是由于元朝的统治者是蒙古人，汉民族的地位很低，民族矛盾十分尖锐，汉民族为了自己的尊严，为了表示一种策略的反抗，就树立关羽为偶像，希望有一天能取代元人，恢复自己的天下。这种说法是有一定的理论基础的，完全符合当时人们的心理状态。

为什么会出现这种现象，这倒是一个值得探讨的问题。过去我们有一个习惯的说法，那就是宗教或者偶像的崇拜，都是统治者愚弄人民的手段。对关羽或者说关帝的信仰，也有此说。其实，这个问题可以倒过来说，人民常年遭受战乱，苦不堪言，即使是在所谓的太平年间，他们也要受到盘剥和敲诈，总之很难过几天舒心的日子。老百姓希望安定太平，需要有一个偶像来保护他们。最初他们也许是在现实里寻求，或者说他们为理想中的境界奋斗过，但是都未能达到目的。于是，他们就寄托于古人，希望他们当中的哪一个能显灵成仙，来保护他们。这当是弱势群体一个最朴实的愿望，也是人类求生存的一种本能。他们经过漫长的选择过程，最后把目光锁定在关羽身上。

他们口口相传，逐渐塑造了关羽的全新形象。他不再是一个前朝的战将，而是一个除魔降妖的神灵。尽管朝代更换，而信仰不变。从此，人们再提到关羽时，都习惯地不称其名，称之为关公、关帝或者关圣。以致我小时候一直以为他就叫关公。作为统治者也要顺应天意，也就是考虑民心，这一点当然是以巩固其地位为目的的。他们也就参与进来，于是对关羽的崇拜和信仰，就变得正统和具备相当的规模了。

还有，在当时的异族占据统治地位的时候，也要争取民心，不让老百姓反抗。他们就聪明地放弃本民族的神明，给关羽的声望加温。这就使关羽享受到宋封王、明封帝、清尊圣的殊荣。所以说，关羽是死后800年又复活了，而且是永生。关羽的复活，使得我们的民族文化里面又有了“关公文化”，而且是灿烂夺目的，永恒不朽的。不仅在大陆，在两岸三地，在所有有华人的地方，都有信奉关羽的人，真是庙宇如林，享祀无限。

皇家对关羽的封号是从北宋开始的。据传，古河东解池今山西运城盐池有复活的蚩尤作乱，关羽应张天师之召除妖。在元代文学家胡琦所著的《解州斩妖考辨》里有相当生动的描绘：忽一日，大风阴暗，白昼如夜，阴云四起，雷奔电走，似有铁马金戈之声。如此五日，方且云收雾散，天晴日朗，盐池水如故，皆关将军力也。其护国祚民如此。帝嘉其功……复新其庙，赐庙额曰“义勇”，追封“武安王”，宋徽宗又加封号“崇宁至道真君”。

因为关羽成为安国兴邦、除暴安良的神明，又有皇家的封号，所以威信空前高涨。从皇帝到平民，无不信仰。供奉他的庙堂不断增多，后来发展到县城、乡村，据说多达30余万。他的封号也不断更新，在南宋是“壮缪义勇武安英济王”；到元朝是加“显灵”二字为“壮缪义勇武安显灵英济王”；到明朝先是万历十年封“协天大帝”，十八年又加封“协天护国忠义帝”，四十二年再加封为“三界伏魔大帝神威远镇天尊关圣帝君”；到清朝加封更为隆重，到了光绪年间竟因九位皇帝的改赐加封，封号已经到了24个字，为“仁勇威显护国保民精诚绥靖翊赞宣德忠义神武关圣大帝”，实属罕见。

尽管关羽完成了从人到神的变化过程，但是仍有些人对他持有微词。对他的指责或者说是批评，主要是在骄傲自满导致最终失败。小事诸如不服气马超，小觑黄忠等等；大事则在失守荆州，使得蜀汉失去优势甚至一蹶不振，还概括为“大意失荆州”。我曾经相信这种说法，但后来随着阅历的增长，逐渐改变了自己的看法。我认为失荆州的主要责任应该由诸葛亮来承担。为什么？我们翻开《三国演义》不难看出，在刘备占领西川和东川后，形势非常乐观。那时，孙权和曹操正暂时联手，意欲夺取荆州。刘备和诸葛亮商议对策，诸葛亮不假思索地说：“可差使命就送官诰与云长，令先起兵取樊城，使敌军胆寒，自然瓦解矣。”这个计策说得轻松，其实是带有冒进倾向的。要知道刘备用兵多时，刚刚取得政权，急需屯兵以养精蓄锐，可是诸葛亮却做了这样的部署。如果关羽手下兵多将广也还罢了，精兵强将都被带去打西川了，剩下的大都是一般般的角色。他带兵去打樊城，势必造成荆州空虚的现实。诸葛亮没有看到这种危机，却闪出一个空当，给东吴造成了可乘之机。他的这段话，在《三国演义》第七十二回里记录得清清楚楚。他说的“官诰”就是“五虎上将”的封号。

还有，关羽在攻打樊城时中了一箭，而且是毒箭。如果不是华佗及时赶到，恐怕关羽不用走麦城就送命了。后来虽然医治好了伤，可是作战的能力却大大减弱。受伤的手臂虽能挥舞青龙偃月刀，却已力不从心。

刘封见死不救，糜芳等人的投降，都是荆州失守的原因，关键还是在诸葛亮这个最高指挥者，单单把责任推到关羽头上，肯定说是片面的，至少是有失公道的。

我们历来不以胜负论英雄。尽管荆州是关羽战败，从而走向末路的地方，但是在这里，我们依然能见到关帝庙，看到关字旗号而看不见与“胜利者”有什么关系的遗迹。为此，我到荆州时曾口占一绝：莫道荆州东吴地，城头今日关字旗。成败本非英雄论，千古一人谁可敌？

尽管多少年来，有人对关羽或者说关帝有微词，这也是完全正常的，就像伸出的手指不会一般齐一样，我们只是阐述自己的观点，而不去苛求别人。尽管有的观点很过激，但是我想有一天和他面对面时，我也不去和他论辩，免得给他找到得以张扬的机会。诸如居然有“如果张飞还能称为武夫的话，关羽连武夫都不是，只能说是一个傻大个而已”，斩颜良是“不讲规矩”，“长沙虽然得了，却是魏延献的城，哪有关二爷半点功劳”之说。我们只好回避，因为辩论从来就是谁也说不服谁的。

我不否认关老爷在成神前，确实有缺点和错误，但赞美绝不是少数人的阿谀，否则也不会形成内涵深厚、由来已久、至今依旧的关公文化。关羽是从常人成为武圣乃至神、帝的，正因为这样，他身上有某些缺点是完全正常的，也是合乎情理的。古往今来，普天下哪有完人可寻？他的缺点并不能掩盖住他精神的闪光点。这一点大多数古人和我们的看法吻合，似乎达成这样的共识：也许因为有了缺憾，才更让人理解，才更加真实，才更让人信服，以至于从某种意义上说，才显得更加完美。我们不妨摘录几段古人的文句，作为我们仰慕关羽的论据：

明朝的才子徐渭很是清高，一般人是不放在眼里的，可是他对关羽却有这样的诗句来表达心声："尚将知己报曹公，何况倾心汉室宗。一体义深真国士，三分威震此英雄。千里人间穷赤兔，中宵梦断失须龙。滚滚只今流汉水，无边遗恨自朝东。"

另一位明人许佲也有诗赞曰："大统心知帝胄存，精忠誓许复中原。凤麟绝迹天时去，龙虎争雄海日昏。甲胄终身扶社稷，纲常万古在乾坤。不须遗史论风烈，夏夷同瞻庙貌尊。"

清人夏乃恕有联："英雄几见称夫子，豪杰如斯乃圣人。"

在浙江省富阳关帝庙有一副楹联，说得很有情趣："此吴地也，不为孙郎立庙；今帝号矣，何须曹氏封侯。"

清代学者周亮工，对于关羽十分虔敬，拜谒从不肯草率，而且以联告世人："拜斯人便思学斯人，臭混账磕了头去；入此山须要出此山，当仔细扪着心来。"此联悬于宁夏固原县关庙。

清代重臣左宗棠在湖南常德关帝庙留下了三十言的长联，以表达心中的景仰："史册几千年未有上继文宣大圣下开武穆孤忠浩气长存树终古彝伦师表；地方数百里之间西连汉寿旧封东接益阳故垒英风宛在望当年戎马关山。"

不知道为什么，我们有些做"学问"的人，特别喜欢走极端：说哪个好便是疮疤也生光；道哪个差，纵然眼大也无神。有的人说关帝虽然名声显赫，但是完全是炒出来的，其实就《三国演义》而言，也没有什么功绩。战吕布是以多欺少，斩颜良是乘人不备，过五关是碰到的都是窝囊废……只有水淹七军是一次胜利，还是利用了地理条件，果真是这样吗？恐怕举行一次公民投票，持此说者，得不到多少支持。我想问问，在刘备兵败当阳时，纵有张飞护驾、赵云拼命，但最后摆脱困境靠的是什么。请看《三国演义》第四十二回的描写：曹军"一个个奋勇追赶，忽山坡后鼓声响处，一队军马飞出，大叫：'我在此等候多时了!'当头那员大将，手持青龙刀，坐下赤兔马，原来是关云长，去江夏借得军马一万，探知当阳长坂大战，特地从此路截出。曹操一见云长，即勒住马回顾众将曰：'又中诸葛亮之计也！'传令大军速退。"这难道不是关帝的功劳吗？在京剧里这是很有名的一折叫《汉津口》，我记得有一段非常传神的"导板"转"流水"："赤兔胭脂连声吼，青龙偃月鬼神愁。人马扎在汉津口，我要夺曹操项上头。"激烈地开打后，曹兵溃败如潮。在颐和园的长廊画里也可见到这一情节。

在《三国演义》第七十三回里，说关帝带兵取襄阳，更是一马当先，在曹将曹仁败溃时"先掣一军飞奔襄阳，离城数里，前面绣旗招展，云长勒马横刀，拦住去路。曹仁胆战心惊，不敢交锋，望襄阳斜路而走"。后来又一个回合斩了夏侯存，真是轻而易举就得了襄阳。

还有斩车胤、捉王忠、杀蔡阳……暂且不提，就是拒绝东吴的儿女婚姻一节，很多人看成是关帝的败笔。其实这从联吴抗曹的事来说，是没有考虑到婚姻与政治的关系。但是这毕竟是私事，更何况关帝知道和东吴的仇，仅仅靠把女儿嫁过去是解不开的。孙权把妹妹嫁给刘备，结果是什么？两家的关系更是雪上加霜。如果把女儿嫁到东吴去，无非是让女儿做了人质，对此后的战局不会有什么改变，“白衣渡江”的事情依然要发生。因此，我仍固执地认为，关帝在这件事情上是没有多大过错的。

总之，关老爷在中国人心目中的地位是根深蒂固的，经过多次的动荡和浩劫后，人们对他依旧信仰如故。这里边不能片面用迷信来解释，这是精神寄托的一种方式。或者说是对生活的一种协调，丰富总比单调要好一些。人们会自觉不自觉地用这种精神约束自己，多多少少有积极意义在其中。就从这一点，我认为关公文化是民族文化中具有阳光性质的组成部分，且是精华部分。我们要继承和发扬关公文化，使之进一步增添光华，随着华人的脚步而走遍天下。

《三国志·关羽传》载：“关羽字云长，本字长生，河东解人也。”山西运城古称河东，解州是关老爷的故乡。那里的人们对关老爷有着极为深厚的感情，研究关公文化更有着得天独厚的条件。今天这本《图说关公文化》就是研究关公文化并且凝结着他们许多心血的力作。它是由河东博物馆1992年创办、历经不断充实完善、于1997年应邀赴台展出的“关公文化展”衍生而来。当初，杨明珠、王泽庆、郭永贵、杨高云等先生，几乎是踏着关老爷一生征战的足迹走了一遍。跋山涉水，寒暑不辍，收集了大量的珍贵图文资料，其中甘苦真是一言难尽。我们看到凡是关老爷事迹涉及的主要地点，他们都一一走过，像三结义的桃园、约三事的土山、威震华夏的荆州，还有那令人伤感的麦城……全都收入其中。

杨明珠先生是当地名流，善古文，精于书法。他的文言文曾得到著名学者、书法家林岫的赞赏。本书中收录他写的《随关公到台湾》一文，既是“关公文化展”赴台巡展期间的翔实记录，也可说是写关公文化的延伸部分。作为运城人，一个文博工作者，研究关公文化最有资本，但他没有故步自封，而是用发展的眼光来看待和解决问题，因此才有了台湾之行和这篇沉甸甸的文章的产生。

书中所见到的和大量未录入的毛笔书写展览说明词，是书法家赵玉汉和河东博物馆已故副馆长尚勤学先生所书，其书法功底和对关公文化的热忱都历历可见，使此书如美玉而添其瑜，愈见神采。

还有很多朋友为此书尽心竭力，奉献心血，限于篇幅，不一一褒扬，多有得罪了。

学无止境，关公文化的研究也不会有尽头。随着这种文化的日益深入人心和痴迷者的不懈努力，相信这种研究也会不断向着更深层次发展。

《图说关公文化》付梓之日，应好友运城河东博物馆杨明珠馆长的邀请写了这篇文章。本来要说的话很多，唯恐喧宾夺主，就此辍笔。不妥之处，诚请所有热心于关公文化的朋友批评教正。

崔陟

甲午夏于归燕堂

作者为北京民间文艺家协会副主席

關帝像

（常平家庙）

蜀漢名將關羽一生至誠至剛報國以忠待人以義作戰以勇處世以仁勇邁絕倫英烈逸群不僅深爲時人敬佩而且受到歷代至尊侯而王王而帝人而神神而聖褒封累〃廟祀無垠迄今無論國內和海外人們對他依舊喜愛至深崇奉不已關公不啻是一位光耀千古影響深遠的中國歷史文化名人而且已成爲一位超國籍超民族超信仰的世界歷史文化名人圍繞關公而形成的關公文化更是博大恢弘積澱豐厚蘊涵精深紛繁呈輝成爲中華傳統文化中不可或缺的一個重要部分爲了弘揚中華文化振奮民族精神推動關公文化的研究促進文化交流山西省運城地區河東博物館廣采博取古今中外有關關公文化的文獻史跡實物等精品采取不同的展示手段首次推出了大聖關公文化展展覽共分四大部分即文武神聖武廟之冠紀念盛況藝術大觀全面係統集中地展現了關公由人·神·聖的歷史進程和海內外崇拜盛況以及關公文化的獨特風采與豐富內涵

前言

蜀汉名将关羽一生至诚至刚，报国以忠，待人以义，作战以勇，处世以仁，勇迈绝伦，英烈逸群。不仅深为时人敬佩，而且受到历代至尊，侯而王，王而帝，人而神，神而圣，褒封累累，庙祀无垠。迄今，无论国内和海外，人们对他依旧喜爱至深，崇奉不已。关公不啻是一位光耀千古、影响深远的中国历史文化名人，而且已成为一位超国籍、超民族、超信仰的世界历史文化名人。围绕关公而形成的关公文化，更是博大恢弘、积淀丰厚、蕴涵精深、纷繁呈辉，成为中华传统文化中不可或缺的一个重要部分。

为了弘扬中华文化，振奋民族精神，推动关公文化的研究，促进文化交流，山西省运城地区河东博物馆广采博取古今中外有关文献史迹实物等精品，采取不同的展示手段首次推出了大型关公文化展。

展览共分四大部分，即：文武神圣、武庙之冠、纪念盛况、艺术大观，全面、系统、集中地展现了关公由人、神、圣的历史进程和海内外崇拜盛况，以及关公文化的独特风采与丰富内涵。

第一部分

文武神聖

关公，名羽，字云长，河东解县常平里（今山西省运城市常平村）人，生于汉桓帝延熹三年（公元一六〇年），卒于汉献帝建安二十四年（公元二一九年）。一生好《春秋左氏传》，勇武尚义，英猛刚毅，威震四夷，为刘备的蜀国江山立下了卓著功勋。殁后受到历代尊崇，尤其是明清时代，关公不但成为民间供奉的全能之神，而且成为国家祭祀的高级神祇，儒、释、道三教共同尊崇的超级偶像。许多传为关公生前驰骋转战的历历踪迹，也成为人们竞相凭吊的胜地。

關公名羽字雲長河東解縣常平里（今山西省運城市常平村）人，生於漢桓帝延熹三年（公元一六零年）卒於漢獻帝建安二十四年（公元二一九年）一生好春秋、左氏傳，勇武尚義，英猛剛毅，威震四夷，為劉備的蜀國江山立下了卓著功勳，歿後受到歷代尊崇，尤其是明清時代，關公不但成為民間供奉的全能之神，而且成為國家祭祀的高級神祇。儒、釋、道三教共同尊崇的超級偶像，許多傳為關公生前馳騁轉戰的歷歷蹤迹，也成為人們競相憑吊的勝地。

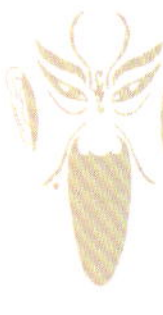

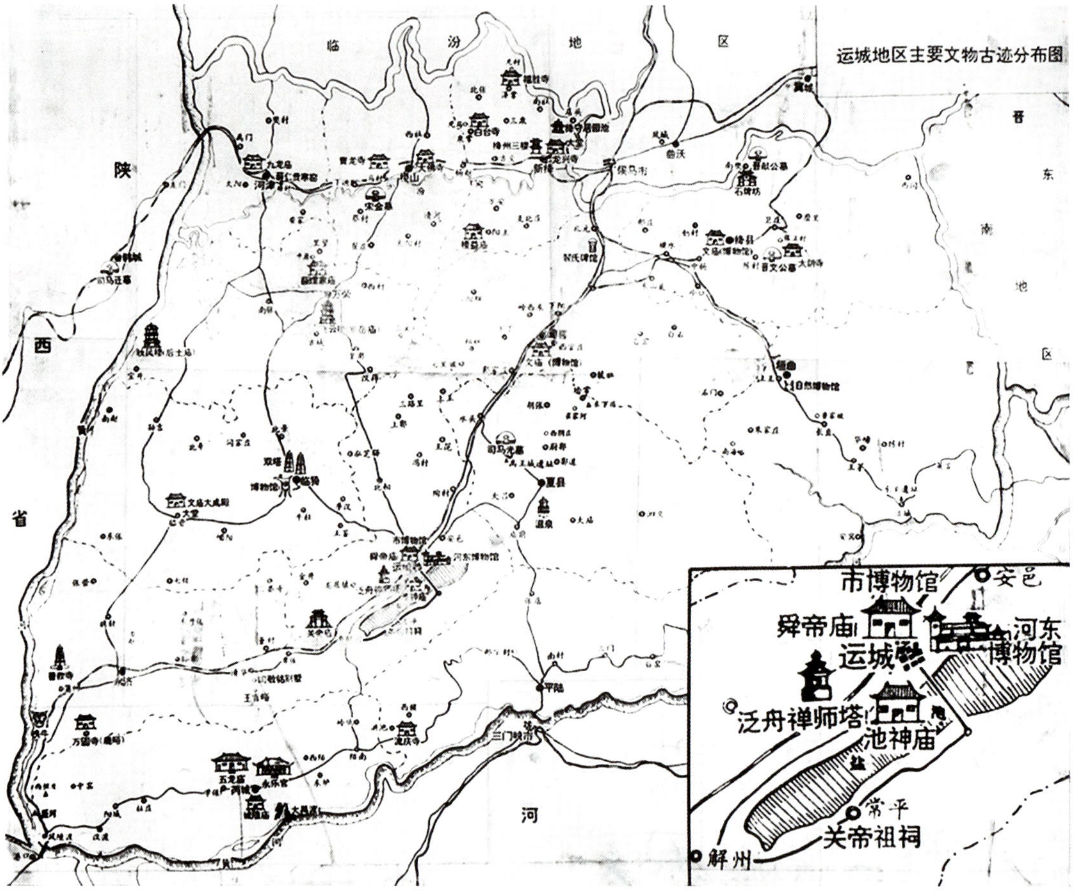
运城地区主要文物古迹分布图
临 汾 地 区
陕 西 省
晋 东 南 地 区
河
市博物馆
安邑
舜帝庙
河东博物馆
运城
泛舟禅师塔
池神庙
常平
关帝祖祠
解州

关公故里境域图

蜀書六　　三國志三十六

關張馬黃趙傳第六

晉　平陽侯相　安漢陳壽　撰

宋　中書侍郎　西鄉侯　聞喜裴松之　注

沔陽盧弼　集解

關羽字雲長本字長生河東解人也[illegible]亡命奔涿郡[illegible]先主於鄉里合徒衆而羽與張飛爲之禦侮[illegible]先主爲平原相[illegible]以羽飛爲別部司馬[illegible]分統部曲先主與二人寢則同牀恩若兄弟[illegible]而稠人廣坐侍立終日隨先主周旋不避艱險[illegible]

蜀記曰曹公與劉備圍呂布於下邳關羽啓公布使秦宜祿行求救[illegible]乞娶其妻公許之[illegible]臨破又屢啓於公公疑其有異色先遣迎看因自留之[illegible]羽心不自安此與魏氏春秋所說無異也[illegible]

先主之襲殺徐州刺史車冑使羽守下邳城行太守事

魏書云以羽領徐州

而身還小沛小沛見先主傳建安五年曹公東征先主奔袁紹曹公禽羽以

三國志集解　卷三十六　一

关公故里文献记载

运城解州关夫子故里碑

运城解州关夫子故里碑（拓片）

运城常平关圣故宅碑（拓片）

运城常平关圣故宅碑

关氏世谱、世系图

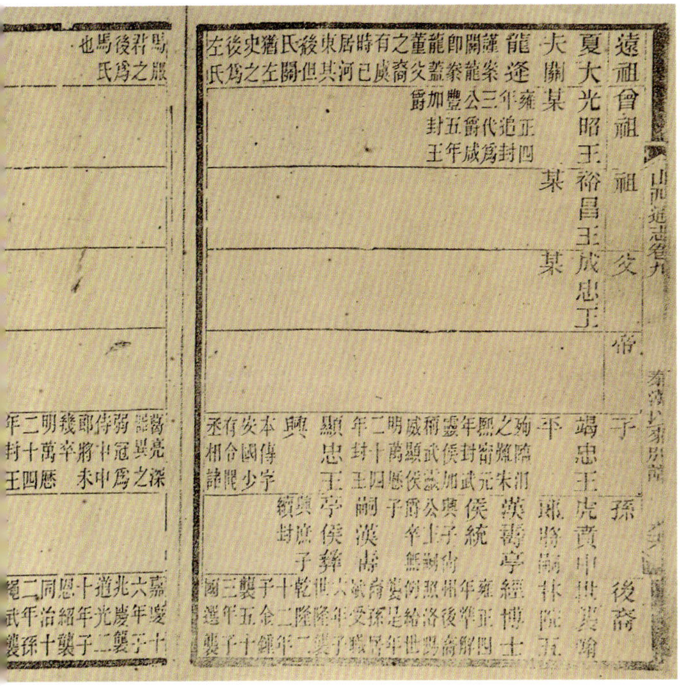

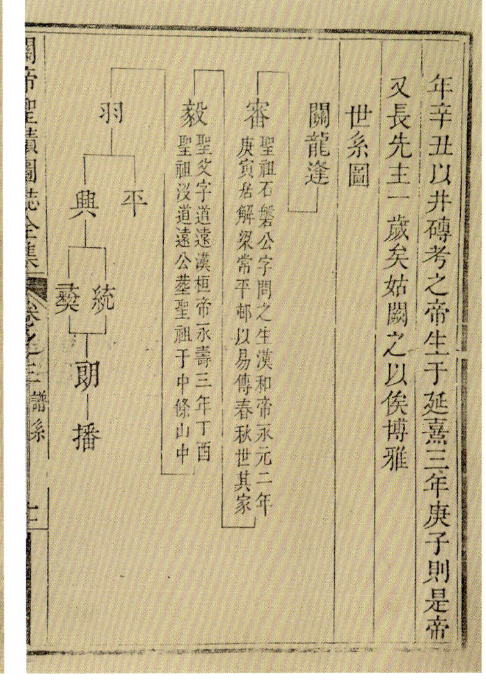

年辛丑以井磚考之帝生于延熹三年庚子則是帝又長先主一歲矣姑闕之以俟博雅

世系圖

關龍逢

審 聖祖石磐公字問之生漢和帝永元二年庚寅居解梁常平邨以易傳春秋世其家

毅 聖父字道遠漢桓帝永壽三年丁酉聖祖沒道遠公葬聖祖于中條山中

羽—平、興

興—統、彝

彝—朗—播

關帝聖蹟圖志全集　卷之三　譜系　十

关龙逄，夏代末年大臣，夏桀暴虐荒淫，他多次忠谏，被禁囚役，后世尊称为“忠谏大夫”

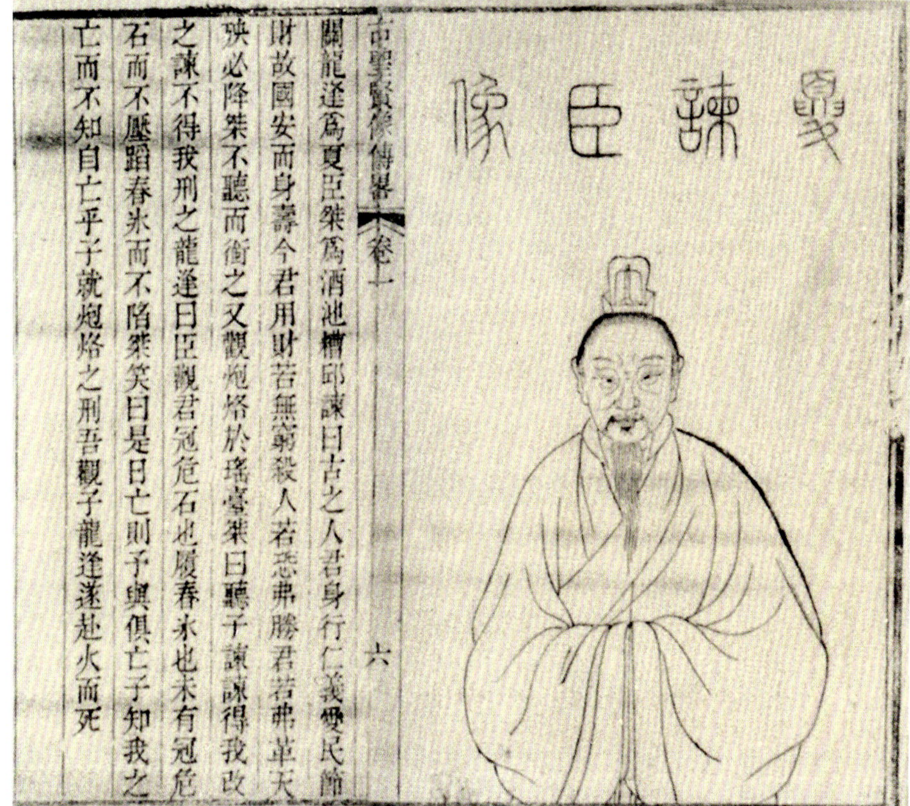

夏諫臣像

古聖賢像傳畧 卷一 六

關龍逢爲夏臣桀爲酒池糟邱諫曰古之人君身行仁義愛民節財故國安而身壽今君用財若無窮殺人若恐弗勝君若弗革天殃必降桀不聽而銜之又觀炮烙於瑤臺桀曰聽子諫諫得我改之諫不得我刑之龍逢曰臣觀君冠危石也履春冰也未有冠危石而不壓蹈春氷而不陷桀笑曰是日亡則予與俱亡子知我之亡而不知自亡乎子就炮烙之刑吾觀子龍逢遂赴火而死

关龙逢像、墓图

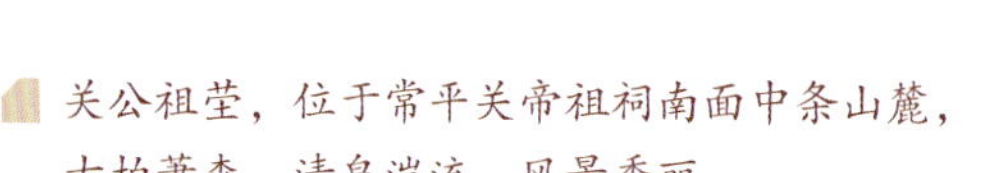

关公祖茔，位于常平关帝祖祠南面中条山麓，古柏萧森，清泉湍流，风景秀丽

祖墓碑（拓片）

关圣祖墓图

常平关帝祖祠砖塔，立于午门东南隅。相传，塔下原为一口水井，当年关公怒斩恶霸熊虎及其家小后，官府四处缉捕灭族，其父母因年迈避逃不便，双双投井自尽，后人为典祭关公双亲，遂于井上建塔追念

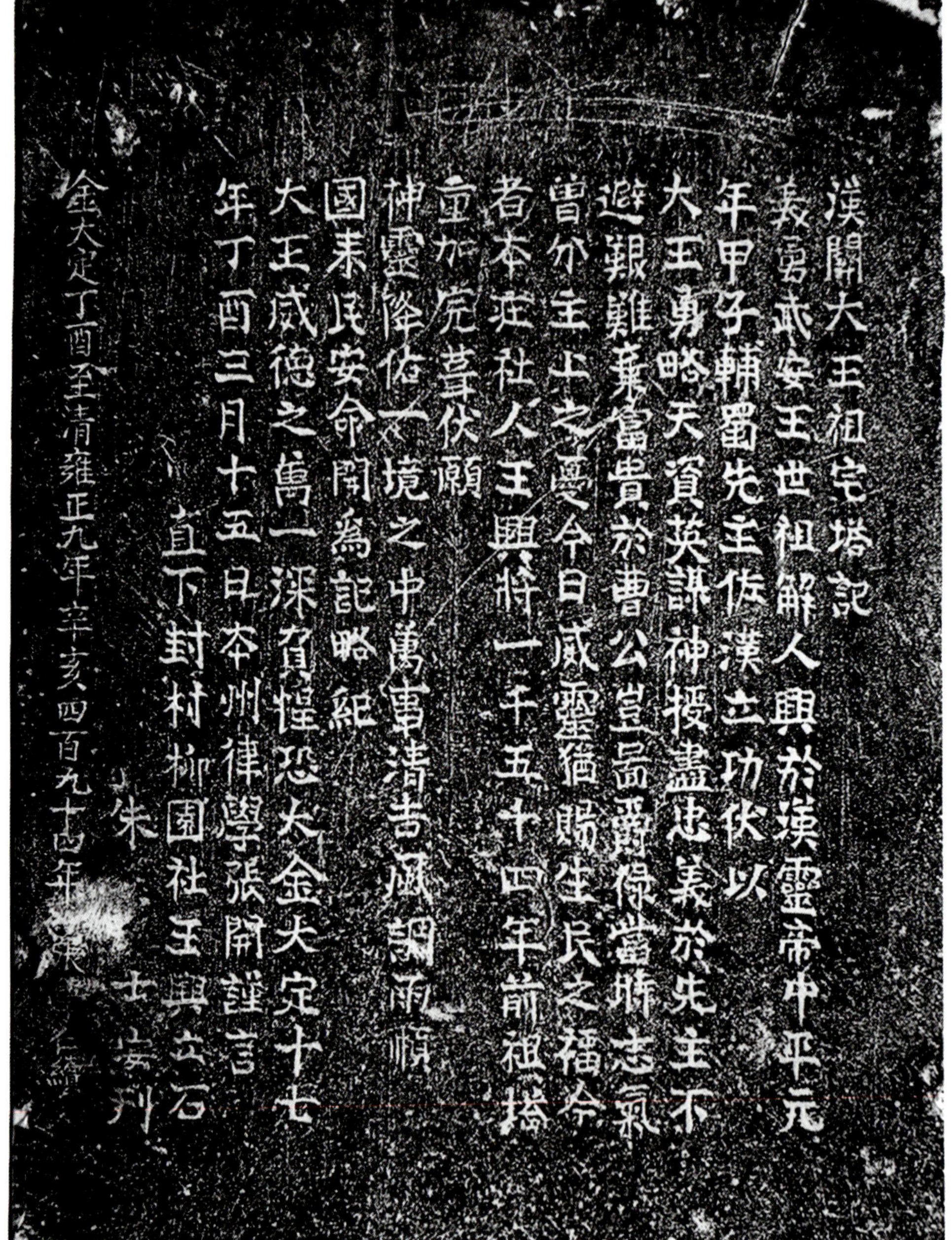

据碑文记载，塔始建于东汉，金代大定十七年（公元1177年）乡人王兴重修（拓片）

常平关帝祖祠彩塑关公帝王像

常平关帝祖祠关夫人像，民间俗称关娘娘，生卒年不详，相传姓胡

关平，关公长子，汉灵帝光和元年（公元178年）生，建安二十四年（公元219年）随父殉难，宋熙宁元年（公元1068年）封武灵侯，明万历二十四年（公元1596年）封竭忠王

关兴，关公次子，字安国，“少有令闻，丞相诸葛亮深器异之，弱冠为侍中，中郎将，未几卒”（《三国志·蜀书·关羽传》）。明万历二十四年（公元1596年）封显忠王

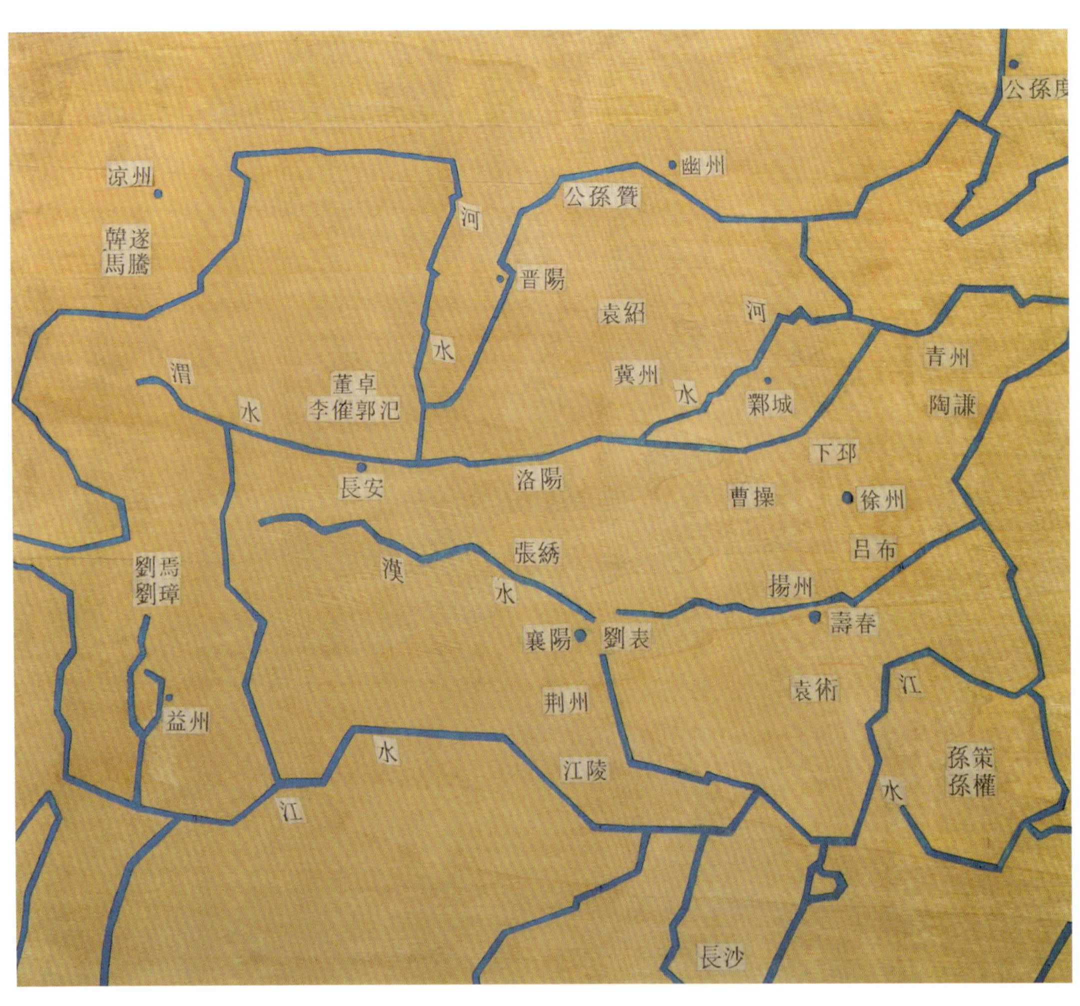
公孫度
幽州
涼州
公孫瓚
河
韓遂
馬騰
晉陽
袁紹
河
青州
渭
水
冀州
水
鄴城
陶謙
董卓
李傕郭汜
水
下邳
長安
洛陽
曹操
徐州
張綉
呂布
劉焉
劉璋
漢
水
揚州
壽春
襄陽
劉表
袁術
江
荊州
益州
水
孫策
孫權
江陵
水
江
長沙

东汉末年形势图

刘备故里，位于今河北省涿州市东南7公里处楼桑村。据《三国志·蜀书·先主传》载，其故宅“东南角篱上有桑树生高五丈余，遥望见童童如小车盖，往来者皆怪此树非凡，或谓当出贵人”。刘备幼时常与村童在树下游戏，声言日后定要乘上有这种伞盖的车子，后来刘备称帝，人们遂以此树名其家乡为楼桑村

汉昭烈帝庙，位于刘备故里，建于唐乾宁四年（公元897年），现仅存山门一座，门上嵌有“敕建三义宫”石刻匾额

悯冤除豪、避难至涿（《关帝圣迹图志》）

张飞故里古井

“桃园结义”旧址，位于张飞故里——河北省涿州市西南5公里处的忠义店（又称张飞店），忠义店原名桃庄，刘、关、张三人因志趣相投，遂在庄上张飞家中杀鸡宰牛祭拜天地，结成生死兄弟

桃园义聚（《关帝圣迹图志》）

春秋楼，今河南省许昌市关帝庙内，为后人感慕关公“秉烛达旦”所建。相传，关公为保护两位皇嫂而身陷曹营，曹操为离间刘、关兄弟之情，将关公及两位皇嫂安置一室，并只给一支蜡烛。关公明辨其奸，安兄嫂于室内，劈蜡烛为两半，独居室外，秉烛达旦，苦读《春秋》。后人敬仰其节，感慕其义，在此修建关庙及春秋楼（又名大节亭）

秉烛达旦（《关帝圣迹图志》）

遺印考

司馬印圖

胡琦曰玉泉顯烈廟有司馬印二枚相傳以爲漢
印帝所佩也其一方一寸刻文曰別部司馬印木

“别部司马”系关羽随刘备创业初期依附幽州诸侯公孙瓒时所表封的官职，为统兵官，掌管征战之事

赠马拜嘉（《关帝圣迹图志》）

白马斩良、绒书告辞（《关帝圣迹图志》）

“辞曹挑袍”处，位于今河南省许昌市郊灞陵桥。相传，关公在曹营得知刘备消息后，封金挂印，辞曹寻兄，曹操知其难留，追至灞陵桥上奉酒赠袍，为关公饯行，关公恐其有诈，立马横刀，以刀挑袍，义无反顾，径出许昌城，后人曾在桥头刻石以记之

五关斩将、古城重会（《关帝圣迹图志》）

古隆中，位于今湖北省襄樊市城西13公里处，诸葛亮曾隐居于此，耕读十年

三顾祠为古隆中十景之一，相传刘、关、张当年于此三请诸葛亮先生，故名

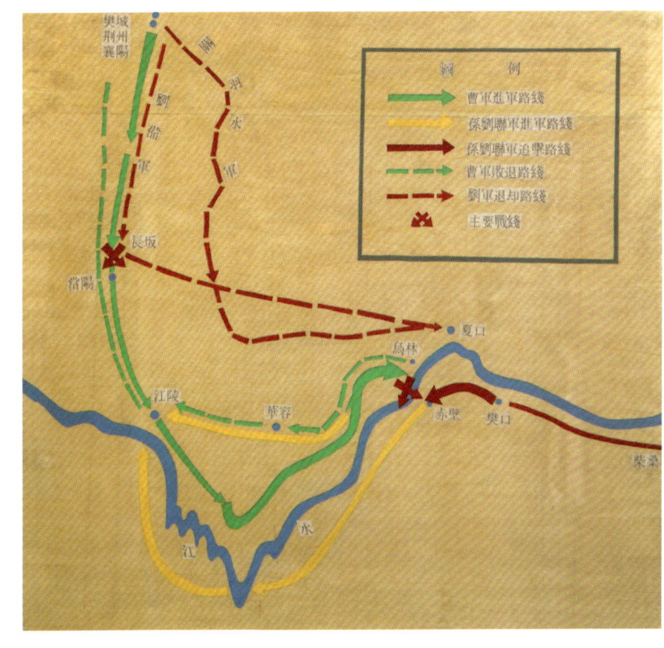

赤壁出战图

赤壁遗址，位于今湖北省蒲圻县西北40公里处，孙、刘联军曾在此大败曹军。临江悬崖峭壁上“赤壁”二字最为壮观，约各高150厘米，宽104厘米，传为周瑜在赤壁战后庆功会上即兴挥毫所书

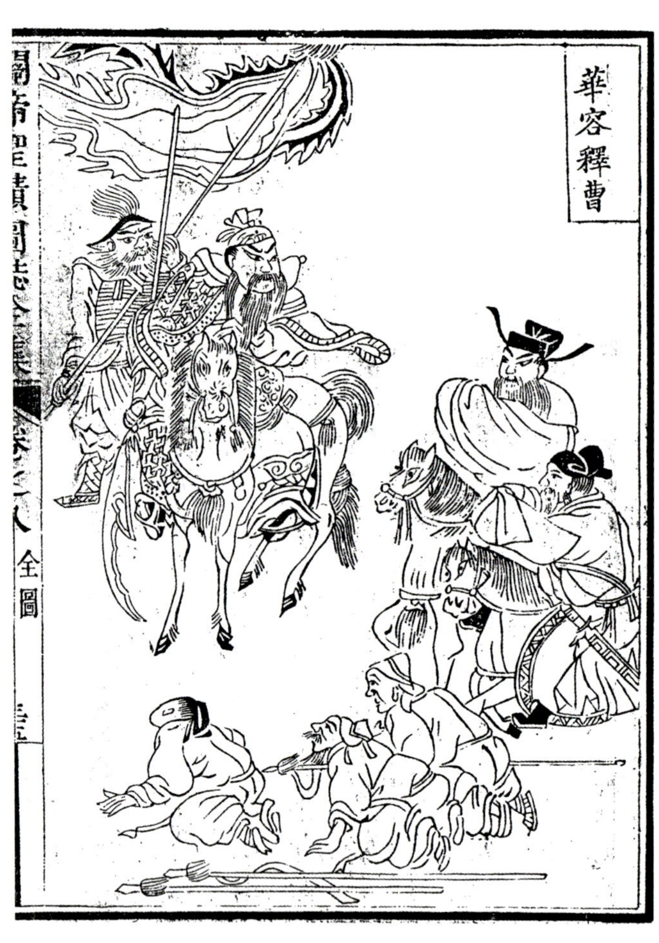

华容释曹（《关帝圣迹图志》）

华容道，位于今湖北省监利县汴河乡曹桥村，路口太平桥侧立有“华容古道”石碑一通。由此向北至毛家口镇，有条小路，全长7.5公里，相传关公华容道释曹的故事发生于此荆州古城即今湖北省江陵县城。据载，城为关公镇守此地时修筑，现存古城为清顺治三年（公元1646年）重建，青砖结构，墙高9米，厚10米，全长约10公里，城内及城郊留有许多与关公有关的遗迹

荆州府邸（关公馆）在今湖北省江陵城南纪门内，传为关公总督荆州时的府第，现为关公馆，又称关帝庙，始建于明洪武二十九年（公元1396年），后经多次扩建，规模宏大

点军坡，在今湖北省宜昌市长江南岸城墙岭，相传关公镇守荆州时，曾在此点校兵马。碑为清人所立，正面书有“汉寿亭侯点兵处”等字，背面草书一特大“虎”字

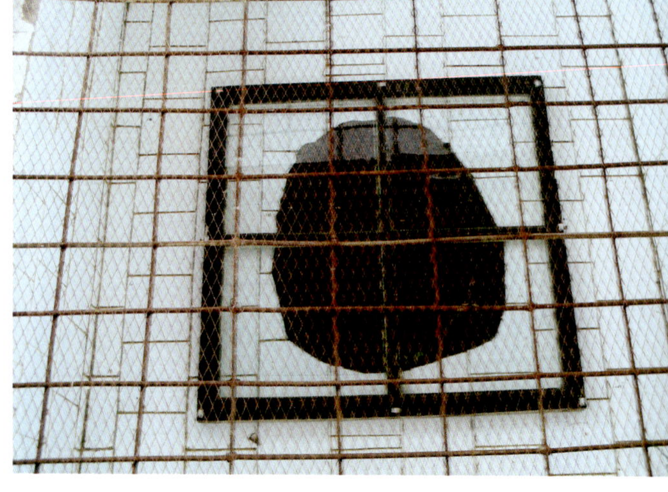

马跑泉，位于今湖北省江陵城西门外10公里的八岭山，泉口形似马蹄，传为赤兔马刨地形成，附近立有《汉关公马跑泉碑记》石碑一通

点将台，位于今湖北省江陵城西北2公里处，台高10米，面积12000平方米，传说关公曾在此阅兵点将

得胜桥（位于湖北省荆州地区）

行军锅，铁质，口径176厘米，高77厘米，腹围450厘米，传为关公行军造饭所用，现藏荆州地区博物馆

喂马槽，石质，长506厘米，宽110厘米，传为关公坐骑赤兔马食槽，现藏荆州地区博物馆

单刀赴会、取襄围樊（《关帝圣迹图志》）

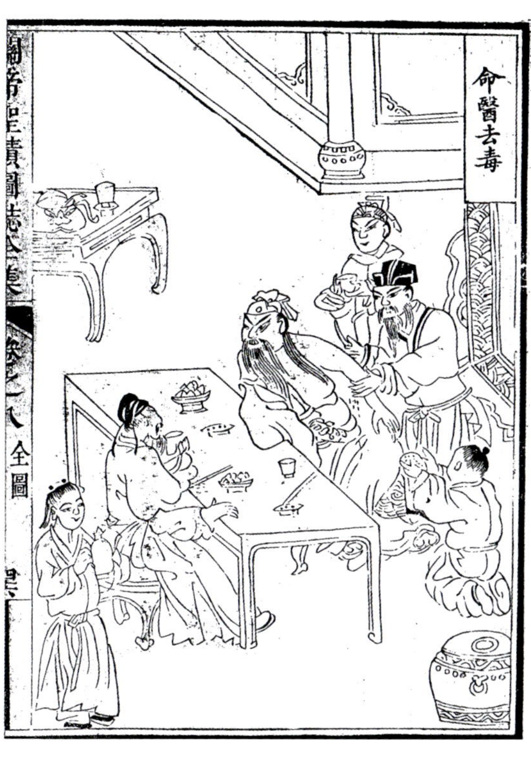

刮骨疗毒（《关帝圣迹图志》）。相传，关公镇守荆州时，设虎帐于江陵城中（现荆州地区医院），刮骨疗毒即在虎帐中进行

荆州地区医院一隅

麦城，在今湖北省当阳县城东南20公里的沮河西岸，城早已不存，现仅有断壁残垣。关公在此拒绝了东吴的劝降，由此突围而走

回马坡，在今湖北省远安县城西北约20公里的罗汉峪沟中。相传，关公率部赶往西川途中，在此被吴兵所陷。清同治年间，曾于此建亭，纪念关公殉难。亭内立碑。亭前有圆形山门，横额书刻“回马坡”三字。坡下溪中岩石上，有四个33厘米长的马蹄印迹，传为赤兔马绊倒挣扎时所留，人称马蹄滩

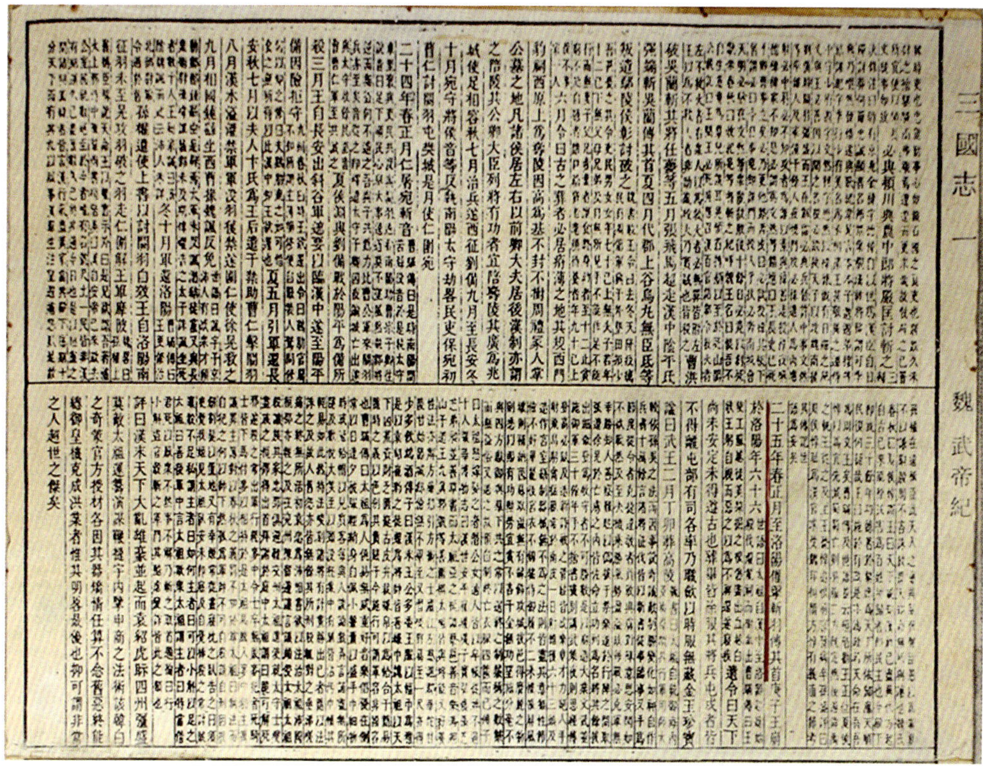

三國志一

魏武帝紀

曹魏礼葬关公文献记载

关冢，位于今河南省洛阳市南郊7公里处关林，为关公首级埋葬处。关冢为规则八角形，占地250平方米，封土堆高约10米，外用青砖围砌。关冢前为八角碑亭，亭前为石坊，三门，正额书刻“汉寿亭侯墓”

帝困於麥城劉封等救不至將西入川夜至臨沮止十餘騎兼山路險峻爲吳伏兵所獲縶其馬也遂蒙難焉漳鄉遺恨痛千古之人心吳地羣奸暗當年之天日時漢獻帝建安二十四年已亥冬十二月也帝壽六十吳以王侯禮葬於湖廣當陽縣西漳鄉

三國志卷三十六　　九四二

〔一〕典略曰：「羽圍樊，權遣使求助之，敕使莫速進，又遣主簿先致命於羽。羽忿其淹遲，又自已得于禁等，乃罵曰：『狢子敢爾，如使樊城拔，吾不能滅汝邪！』權聞之，知其輕己，僞手書以謝羽，許以自往。臣松之以爲荆、吳雖外睦，而內相猜防，故權之襲羽，潛師密發。按呂蒙傳云：『伏精兵於𦪇𦩶之中，使白衣摇櫓，作商賈服。』以此言之，羽不求助於權，權必不語羽當往也。若許相援助，何故匿其形迹乎？

〔二〕蜀記曰：羽與晃宿相愛，遥共語，但説平生，不及軍事。須臾，晃下馬宣令：「得關雲長頭，賞金千斤。」羽驚怖，謂晃曰：「大兄，是何言邪！」晃曰：「此國之事耳。」

〔三〕蜀記曰：權遣將軍擊羽，獲羽及子平。權欲活羽以敵劉、曹，左右曰：「狼子不可養，後必爲害。曹公不即除之，自取大患，乃議徙都。今豈可生！」乃斬之。臣松之按吳書：孫權遣將潘璋逆斷羽走路，羽至即斬。且臨沮去江陵二三百里，豈容不時殺羽，方議其生死乎？又云「權欲活羽以敵劉、曹」，此之不然，可以絶智者之口。

吳歷曰：權送羽首於曹公，以諸侯禮葬其屍骸。

追謚羽曰壯繆侯。〔一〕子興嗣。興字安國，少有令問，丞相諸葛亮深器異之。弱冠爲侍中、中監軍，數歲卒。子統嗣，尚公主，官至虎賁中郎將。卒，無子，以興庶子彝續封。〔二〕

〔一〕蜀記曰：羽初出軍圍樊，夢豬嚙其足，語子平曰：「吾今年衰矣，然不得還！」

江表傳曰：羽好左氏傳，諷誦略皆上口。

〔二〕蜀記曰：龐德子會，隨鍾、鄧伐蜀，蜀破，盡滅關氏家。

孙吴礼葬关公文献记载

关陵，在今湖北省当阳县郊约3公里的古漳乡，孙权葬关公尸骸于此。墓冢高7米，周长约70余米。墓周石栏板上雕刻有花、草、马、鹿等多种图案。墓区古树遍布，挺拔苍劲，气象萧森

年　　　代		職　　　官
漢獻帝初平元年	（公元190年）	别部司馬
漢獻帝建安三年	（公元198年）	中郎将
漢獻帝建安五年	（公元200年）	偏将軍　漢壽亭侯
漢獻帝建安十四年	（公元209年）	襄陽太守　蕩寇将軍
漢獻帝建安二十四年	（公元219年）	前将軍　假節鉞

关公所任主要职官表

年表	
漢靈帝中平五年 戊辰	帝自解至涿，始事(照)[昭]烈。[illegible]祖墓碑帝以桓帝延熹三年庚子六月二十四日生，是此年二十九歲矣。然所言生日已與今祀典不合，年歲均當闕疑。
獻帝初平元年 庚午	昭烈依中郎將公孫瓚，瓚使領平原相。帝與張侯並爲別部司馬。是年至興平改元，凡四年，俱隨昭烈於平原。
興平二年 乙亥	徐州牧陶謙爲曹操所攻，昭烈以兵往救謙。謙病篤，以州讓昭烈，遂領徐州牧。帝從在徐州。
建安元年 丙子	袁術攻昭烈，昭烈拒之於盱眙，呂布乘虛襲下(沛)[邳]。[四四]昭烈求和於布，自屯小沛，遣帝守下邳。
二年 丁丑	九月，隨昭烈擊楊奉。
三年 戊寅	布遣將破昭烈於沛，昭烈與帝詣曹操。操自將征布，帝從昭烈在軍中。
四年 己卯	既破呂布，昭烈與帝隨操還許。曹表帝爲中郎將，令昭烈以兵要擊袁術於徐州。昭烈至下邳，殺徐州刺史車冑，復使帝守下邳，行太守事。
五年 庚辰	正月，操自將東伐。帝與操戰於下邳，爲操所得，表爲偏將軍。四月，帝助操解「白馬之圍」。操表封爲漢壽亭侯。七月，辭歸昭烈。
六年 辛巳	從昭烈歸劉表。
七年 壬午	是年至十二年，並隨昭烈，居荊州。
十三年 戊子	隨昭烈，屯樊。九月，曹操下荊州。十月，昭烈自樊[illegible]渡江南，與帝會於江陵，因與至夏口，從破曹軍於赤壁。
十四年 己丑	昭烈領荊州牧，以帝爲襄陽太守、盪寇將軍。
十五年 庚寅	屯江南。
十六年 辛卯	昭烈入益州，帝與諸葛孔明領荊州。
十七年 壬辰	在荊州。有與操將樂進相拒於青泥事。
十八年 癸巳	昭烈還軍攻劉璋，帝獨鎮荊州。
十九年 甲午	昭烈克成都，拜帝董督荊州事。
二十年 乙未	在荊州。昭烈遣帝爭「三郡」。移屯益陽。與魯肅單刀會語。
二十一年 丙申	是年至二十(三)年，並在荊州。[illegible]
二十四年 己亥	昭烈定漢中，稱漢中王。帝自江陵圍曹仁於樊城。昭烈遣前部司馬費詩即軍中拜帝爲前將軍、假節鉞。虜魏將于禁，殺龐德，威震華夏。十月，操遣徐晃救樊城，久不拔，引軍退還。孫權已破江陵。十一月，帝西保麥城。十二月，被害，卒於章鄉。

謹案：關志、解州、洛陽並輯有成書。道光中，瀛湖洪氏別訂爲事蹟録，所次年表，一本正史，茲從之。至於本傳，當採入人物，而神聖之尊，非「鄉賢」諸録所敢擬也，列爲譜，蓋同尼山之有世家云。

右關帝世譜

关公年表

常平关帝祖祠又称关圣家庙，系关公殁后，乡人因感慕其德，在原关公故宅基础上建造。金代始成庙宇，现为清代遗存。总面积一万三千余平方米，由山门、午门、享殿、关帝殿、娘娘殿、太子殿、圣祖殿等殿宇组成主体建筑。前后或左右各辅以（木、石）牌坊、钟鼓楼、厢房等，规模宏敞，布局严谨，环境秀雅，风物迷人。尤其是庙内的殿宇设置及供奉情形，独具特色，举世无双。

　　常平關帝祖祠又稱關

聖家廟，係關公歿後，鄉人因感慕其德，在原關公故宅基礎上建造，金代始成廟宇，現為清代遺存，總面積一萬三千餘平方米。由山門、午門、享殿、關帝殿、娘娘殿、太子殿、聖祖殿等殿宇組成主體建築，前後或左右各輔以（木、石）牌坊、鐘鼓樓、廂房等。規模宏敞，布局嚴謹，環境秀雅，風物迷人，尤其是廟内的殿宇設置及供奉情形，獨具特色，舉世無雙。

常平关帝祖祠全景

山门

“关王故里”石坊

“秀毓条山”木坊

关帝祖祠享殿，又称献殿，为祭祀关公时进献香火、牺牲之所

关帝祖祠正殿，又称关帝殿、崇宁殿，面宽五间，四周回廊，重檐九脊顶。殿内神龛中供奉着头戴冕旒、身着帝装、正襟危坐的彩塑关帝神像（像见前）

龙、虎二柏分峙祖祠关帝殿前左右，粗约四米，神气似“龙”、“虎”而得名，被认为是青龙、白虎的化身，专此护卫关公

娘娘殿，位居祖祠关帝殿之后，专祀关夫人。面宽、进深皆五间，重檐歇山式。殿内供奉着彩塑关娘娘像。面形清逸的关夫人，头戴金灿凤冠，身着锦绣霞披，一派圣母风仪（像见前）

五季桑是棵粗约合围的古桑，位居娘娘殿前。此桑与众不同，“神气”十足，其根茎、树杈均为五枝，上下对应，且每年自春至冬，花、果五开五熟。这种神奇现象，被视为关公神灵所佑，昭示着关家“五世同堂”，人丁兴盛

祖祠圣祖殿，又称三祖殿，五开间，悬山顶，位居祖祠最后。内供关公始祖忠谏公、曾祖先昭公、祖父裕昌公、父成忠公及其三祖夫人像

祖祠云柏，在娘娘殿后，其叶拥如云朵，故名。此柏树身西倾，人可自由上下，传为关公殁后往来常平家庙与解州关庙之间的云梯神路

扭扭柏，在圣祖殿月台前，此树皮纹扭曲，形如螺旋，故名

鸟柏，在庙内西部，树干粗直，冠似鸟形，长翅舒展，凌空欲飞。据传，早年间一富绅曾欲购此木做棺，当夜树劈两半，至今“血迹”未干

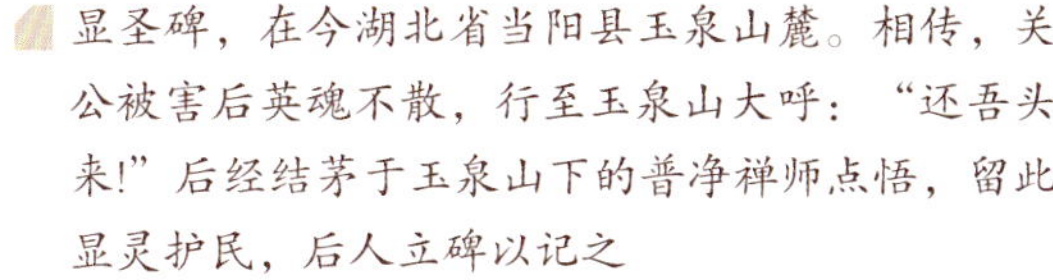
显圣碑，在今湖北省当阳县玉泉山麓。相传，关公被害后英魂不散，行至玉泉山大呼："还吾头来!"后经结茅于玉泉山下的普净禅师点悟，留此显灵护民，后人立碑以记之

石望柱，在今湖北省当阳玉泉山麓，其由来同出关公玉泉山显圣故事，系清当阳知县吴士忠等立，高约7米

珍珠泉，距显圣碑、石望柱不远。此泉"泉清珠错落，泉沸珠盘旋"，传为当年关公被普净点化感悟落泪而形成

“建玉泉，封伽蓝”文献记载（隋）

“解池斩妖，加封义勇武安王”文献记载（宋）

建玉泉

天台智者，以隋開皇十二年（公元五九二年）至當陽，上金龍池，月夜有具王者，威儀二人，一長而美髯豐衣，一少而秀發。長者前致辭曰：「予漢前將軍關某也，彼某子平也。漢末紛擾事不果。願死有烈。上帝命主此山，敢問大德聖師何在住足」？智者曰：「欲建立道場耳」。神曰：願愍我愚特，垂攝受此去一舍，山如覆舟，厥土深嘉，吾當爲力建一剎供護佛法，願師安禪七日，以須其成。師既出定湫潭萬尺，化爲平陸，棟宇煥麗，巧奪人目，神既受五戒。智者言於晉王，廣上其事，錫以佳名。而公遂爲此寺伽藍神矣。

義勇武安王

聖、十哲等，後又加七十二弟子。梁廢從祀之祭，後唐復之。太祖建隆三年，詔修武成王廟，與國學相對，命左諫議大夫崔頌董其役，仍令頌檢閱唐末以來謀臣、名將勳績尤著者以聞。四年四月，帝幸廟，歷觀圖壁，指白起曰：「此人殺已降，不武之甚，何受享於此？」命去之。景德四年，詔西京擇地建廟，如東京制。大中祥符元年，加謚昭烈。

初，建隆議升歷代功臣二十三人，舊配享者退二十二人。慶曆儀，自張良、管仲而下依舊配享，不用建隆升降之次。元豐中，國子司業朱服言：「釋奠文宣王，以國子祭酒、司業爲初獻，丞爲亞獻，博士爲終獻，太祝、奉禮並以監學官充。及上戊釋奠武成王，以祭酒、司業爲初獻，其亞獻、終獻及讀祝、捧幣，令三班院差使臣充之。官制未行，武學隸樞密院，學官員數少，故差右選。今武學隸國子監，長、貳、丞、簿，官屬已多，請並以本監官充攝行事，仍令太常寺修入祀儀。」

政和二年，武學諭張滋言：「詩云『赫赫南仲』、『維師尚父』、『文武吉甫』、『顯允方叔』、『王命召虎』、『程伯休父』，是均爲周將，功著聲詩，今昔所尊惟一尚父，而南仲、吉甫之徒不預配食，餘如郤縠之閱禮樂、敦詩書，尉繚以言爲學者師法，不當棄而不錄，請並配食。」博士孫宗鑑亦請以黃石公配。後有司討論不定，國子監丞趙子崧復言之。

宣和五年，禮部言：「武成王廟從祀，除本傳已有封爵者，其未經封爵之人，齊相管仲擬封涿水侯，大司馬田穰苴橫山侯，吳大將軍孫武滬瀆侯，越相范蠡遂武侯，燕將樂毅平虜侯，蜀丞相諸葛亮順興侯，魏西河守吳起封廣宗伯，齊將孫臏武清伯，田單昌平伯，趙將廉頗臨城伯，秦將王翦鎮山伯，漢前將軍李廣懷柔伯，吳將軍周瑜平虜伯。」於是釋奠日，以張良配享殿上，管仲、孫武、樂毅、諸葛亮、李勣並西向，田穰苴、范蠡、韓信、李靖、郭子儀，並東向。東廡，白起、孫臏、廉頗、李牧、曹參、周勃、李廣、霍去病、鄧禹、馮異、吳漢、馬援、皇甫嵩、鄧艾、張飛、呂蒙、陸抗、杜預、陶侃、慕容恪、宇文憲、韋孝寬、楊素、賀若弼、李孝恭、蘇定方、王孝傑、王晙、李光弼，並西向；西廡，吳起、田單、趙奢、王翦、彭越、周亞夫、衛青、趙充國、寇恂、賈復、耿弇、段熲(六)、張遼、關羽、周瑜、陸遜、羊祜、王濬、謝玄、王猛、王鎮惡、斛律光、王僧辯、于謹、吳明徹、韓擒虎、史萬歲、尉遲敬德、裴行儉、張仁亶、郭元振、李晟，並東向。凡七十二將云。

紹興七年五月，太常博士黃積厚乞以仲春、仲秋上戊日行禮。十一年五月，國子監丞林保奏：「竊見昭烈武成王享以酒脯而不用牲牢，雖曰時方多事，禮用綿蕝，然非所以右武而勵將士也。乞今後上戊釋奠用牲牢，以管仲至郭子儀十八人祀於殿上。」從之。

乾道六年(七)，詔武成王廟升李晟於堂上，降李勣於李晟位次，仍以曹彬從祀。先是，紹興間，右正言都民望言：「李勣邪說誤國，唐祀幾滅，李晟有再造王室之勳；宜升李晟于堂

初稱十廟。北極眞武以三月三日、九月九日，道林眞覺普濟禪師寶誌以三月十八日，都城隍以八月祭帝王後一日，祠山廣惠張王渤以二月十八日，五顯靈順以四月八日、九月二十八日，皆南京太常寺官祭。漢秣陵尉蔣忠烈公子文、晉成陽卞忠貞公壼、(三)宋濟陽曹武惠王彬、南唐劉忠肅王仁贍、元衛國忠肅公福壽俱以四孟朔，歲除，應天府官祭。惟蔣廟又有四月二十六日之祭。幷功臣廟爲十一。後復增四：關公廟，洪武二十七年建於雞籠山之陽，稱漢前將軍壽亭侯。嘉靖十年訂其誤，改稱漢前將軍漢壽亭侯。以四孟歲暮，應天府官祭，五月十三日，南京太常寺官祭。天妃，永樂七年封爲護國庇民妙靈昭應弘仁普濟天妃，以正月十五日、三月二十三日，南京太常寺官祭。太倉神廟以仲春、秋望日，南京戶部官祭。司馬、馬祖、先牧神廟，以春、秋仲月中旬，擇日南京太僕寺官祭。諸廟皆少牢，眞武與眞覺禪師素羞。

功臣廟

太祖既以功臣配享太廟，又命別立廟於雞籠山。論次功臣二十有一人，死者塑像，生者虛其位。正殿：中山武寧王徐達、開平忠武王常遇春、岐陽武靖王李文忠、寧河武順王鄧愈、東甌襄武王湯和、黔寧昭靖王沐英。羊二，豕二。西序：越國武莊公胡大海、梁國公趙德勝、巢國武壯公華高、虢國忠烈公俞通海、江國襄烈公吳良、安國忠烈公曹良臣、黔國威毅公吳復、燕山忠愍侯孫興祖。東序：郢國公馮國用、西海武莊公耿再成、濟國公丁德興、蔡國忠毅公張德勝、海國襄毅公吳楨、蘄國武義公康茂才、東海郡公茅成。羊二，豕二。兩廡各設牌一，總書「故指揮千百戶衛所鎮撫之靈」。羊十，豕十。以四孟歲暮，遣駙馬都尉祭。

初，胡大海等歿，命肖像於卞壼、蔣子文之廟。及功臣廟成，移祀焉。永樂三年以中山王勳德第一，又命正旦、清明、中元、孟冬、冬至遣太常寺官祭於大功坊之家廟，牲用少牢。

京師九廟

京師所祭者九廟。眞武廟，永樂十三年建，以祀北極佑聖眞君。正德二年改爲靈明顯佑宮，在海子橋之東，祭日同南京。東嶽泰山廟，在朝陽門外，祭以三月二十八日。都城隍廟，祭以五月十一日。漢壽亭侯關公廟，永樂間建。成化十三年，又奉敕建廟宛平縣之東，祭以五月十三日。皆太常寺官祭。

京都太倉神廟建於太倉，戶部官祭。

“从祀武成王庙”文献记载（宋）

“京师建庙祭祀”文献记载（明）

冠冕堂皇，很有“宣教”力：

切念朕躬奉天御世，尊为亿兆之君；法祖保邦，位称神人之主。精勤图治，默赖神庇。凡有护国之灵，悉证尊崇之祀。恭维关圣帝君，生前忠义，振万古之纲常；身后威灵，保历朝之泰运。除邪辅正，圣德神功，保㪅康民，福幽利显。既赞乾元之化，宜宣帝号之封，所传三界伏魔大帝关圣经签，足以师世淑人，安供名山福地，以乘久远。用是朕发诚心，颁赐帑金，印造伏魔经签，特命全真道士周庀真等賫请，前去彼处供安，镇静方隅，肃清中外。关圣帝君，以今年八月十五日，位证南方丹天三界伏魔大帝之位，天人共庆，三界推尊。兹建醮典三日，安供圣经，庆贺圣帝，自天伊始，永安帝位，不在将班，鉴观方天，巡游三界。悉请人鬼之妖，全消未萌之患。庶使边防镇静，四夷无干扰之虞；朝野莫安，海宇乐升平之化。常历岁月，永荷神庥。

这样，关公不仅由“王”升成了“帝”，而且由“帝”升成了“大帝”，乃至“天尊”。其名义、地位，不仅超过了人间的帝王，而且加入了道教奉行的最高贵的天神行列。其威权也越来越重，既要“协天护国”，还要在“三界伏魔”，难怪，明神宗要给他的部属文官武吏都一一配齐。

满族统治者也特别崇敬关公。入关前，他们就懂得利用关公的忠义来笼络蒙古族各部落的酋长。清世祖爱新觉罗·福临曾与蒙古族诸汗结拜为兄弟，声言“亦如关羽之于刘备，服事唯谨也。”入关后的顺治元年（公元1644年），为取得汉民好感，鼓励官民讲究忠义，效忠朝廷，即封关公为“忠

明代敕封关圣帝君醮词

關聖帝君　清初都盛京，建廟地載門外，賜額「義高千古」。世祖入關，復建廟地安門外，歲以五月十三日致祭。順治九年，敕封忠義神武關聖大帝。雍正三年，追封三代公爵，曾祖曰光昭，祖曰裕昌，父曰成忠，供後殿。增春、秋二祭。洛陽、解州後裔並授五經博士，世襲承祀。尋定春、秋祀儀，前殿大臣承祭，後殿以太常長官。屆日質明，大臣朝服入廟左門，升階就拜位，上香，行三跪九拜禮。三獻，不飲福、受胙。祭後殿二跪六拜。十一年，增當陽博士一人奉冢祀。

乾隆三十三年，以壯繆原謚，未孚定論，更命神勇，加號靈佑。殿及大門，易綠瓦爲黃。四十一年，詔言：「關帝力扶炎漢，志節懔然，陳壽撰志，多存私見。正史存謚，猶寓譏評，曷由傳信？今方錄四庫書，改曰忠義。武英殿可刊此旨傳末，用彰大公。」嘉慶十八年，以林清擾禁城，靈顯翊衞，命皇子報祀如儀，加封仁勇。道光中，加威顯。咸豐二年，加護國。明年，加保民。於是躋列中祀，行禮三跪九叩，樂六奏，舞八佾，如帝王廟儀。五月告祭，承祭官前一日齋，不作樂，不徹饌，供鹿、兔、果、酒。旋追封三代王爵，祭品視崇聖祠。加精誠綏靖封號，御書「萬世人極」額，摹勒頒行。同治九年，加號翊贊。光緒五年，加號宣德。

直省關帝廟亦一歲三祭，用太牢。先期承祭官致齋，不理刑名，前殿印官，後殿丞、史，

志五十九　禮三　　二五四一

清代封祀

時代				封號
蜀漢．后主（劉禪）景耀三年			（公元二六〇年）	壯繆侯
宋	徽宗（趙佶）	崇寧元年	（公元一一〇二年）	忠惠公
		大觀二年	（公元一一〇八年）	武安王
		宣和五年	（公元一一二三年）	義勇武安王
	高宗（趙構）	建炎三年	（公元一一二九年）	壯繆義勇武安王
	孝宗（趙昚）	淳熙十四年	（公元一一八七年）	壯繆義勇武安英濟王
元	文宗（圖帖睦爾）	天曆元年	（公元一三二九年）	顯靈義勇武安英濟王
明	太祖（朱元璋）	洪武元年	（公元一三六八年）	復原封：漢壽亭侯
	世宗（朱厚熜）	嘉靖十年	（公元一五三一年）	仍稱：漢壽亭侯
	神宗（朱翊鈞）	萬曆四十三年	（公元一六一五年）	三界伏魔大帝神威遠震關聖帝君
清	世祖（愛新覺羅·福臨） 德宗（愛新覺羅·載湉）	順治九年 至 光緒五年	（公元一六五二年至 公元一八七九年）	忠義神武關聖大帝 忠義神武靈佑仁勇威顯護國保民精誠綏靖翊贊宣德關聖大帝

关帝殁后历代主要封号

儒家之楷模——夜读《春秋》像

佛家之护法神——伽蓝神像

關聖帝君像

道家之天尊——关圣帝君像

嘉靖修廟記

朱寶昌

漢壽亭侯事昭烈皇帝，誠以爲忠，義以爲勇，勞以定國，死以勤事，去今千餘年，侯之威靈氣焰猶若生存，廟祀遍天下。蠻域華夏、武夫悍卒、儿童婦女，皆稱戴之。疾痛疴癢、屈抑水旱，輒號而禱焉。又或相要質盟，誓終身不違。甚至姦伏無畏於官，而悚之神，則有面发赤氣盡伏者。侯爲解人，有祖塋在常平里中條山陰，有廟在城西隅。歷代敕建，規製宏敞。太祖高皇帝復侯故封，弘治間始以春秋祀，著爲令典。然遠近之民，猶以四月八日爲會，以勤报賽。至者不遠千里而來，因以爲市，人有施舍香錢及賦其市地之鏹，歲不下二百金，少亦半之。嘉靖二年，萊陽王君士英按部謁廟，剥落不稱明祀。意謂聖人因俗爲治，以神設教，若武當、泰山、濟源諸處，其香火之餘，且以供國用。今茲神顯顧不足，嚴其廟祀，判官弁景孝乃以金請，具以吏所侵。士英曰：「立法善後可也。」乃委平陸知縣桑景孝，即以其金爲工費，重加修飾。用有不足者，取之官。又令平陽推官喬年發贖金以佐之。於是官無重費，民不告勞，凡門牆、坊牌、獻殿、正殿、寢宮、行廊，皆修飾一新。前當大道，則於東西

凭曹瞒者，则演义之为耳。演义固喻俗书哉，义意远矣！

（据明刻本）

女仙外史品题（节录）

（清）刘廷玑

一、天文难言也。小说传奇，唯《三国演义》有夜观乾象圆图之语。此书则历历指出，如数列星。

一、小说言兵法者，莫精于《三国》，莫巧于《水浒》。此书则权舆于《阴符》、《素书》之中，脱化于《六韬》、《三略》之外，绝不蹈陈言故辙，虽纸上谈兵，亦云奇矣。

一、武侯八阵，千古仅存其名，未有识其奥妙者。此书备言制度，与纵横开阖，变化生克之理，确有奇解。

（《新刻刘逸田叟女仙外史大奇书》卷首，据清康熙五十年（辛卯，1711）刻本）

在园杂志（节录）

（清）刘廷玑

卷 三

张遂宁（鹏翮）先生平生极爱关夫子，极慕诸葛武侯之人品学问，关帝集有志书二本，武侯集有忠武志八册，俱考订详明，可法可传。总河行署川堂后，有厅事三楹，南面供奉关帝像，旁周将军持刀侍立，西面设几案，遂宁先生端坐办理公务。幕中无一友，一应案牍，俱系亲裁。有时集寮属商略，稍有私曲，即拱手曰："关夫子在上，监察无遗，岂敢徇隐？"间有以密语干请者，即曰："周将军刀锋甚利，尔独不惧耶？"

近来词客稗官家，每见前人有书盛行于世，即袭其名，著为后书副之，取其易行，竟成习套。……如《三国演义》名《三国志》，窃取陈寿史书之名。《东西晋演义》亦名《续三国志》。更有《后三国志》，与前绝不相侔。……作书命意，创始者倍极精神，后此纵佳，自有崖岸，不独不能加于其上，即求比美并观，亦不可得，何况续以狗尾，自出其下耶？

（据《申报馆丛书》本）

五 石 瓠（节录）

（清）刘 銮

诸葛鼓

崇祯九年丙子秋七月，有耕于贵池沙山者，得一铜器，其制四方有圭角，上无盖，下无底，偶悬之于木上考击之，砿砿然声闻震天、火光上烛，识者曰："此诸葛鼓之一式也。"其人不敢有，归于唐田施氏，岂当时吴人所得，遗弃江头者耶？

水浒小说之为祸

张献忠之狡也，日使人说《三国》、《水浒》诸书，凡埋伏攻袭咸效之。其老本营管队杨兴吾尝语孔尚大如此。

（据《申报馆丛书·屑玉丛谈三集》本）

关公瓷像

伏魔大帝
關聖帝君
消灾降福
驅邪除魔

關聖帝君

關羽爲武財神

生前忠義·歷代供奉

財神是跟工商發展很有密切關聯的神祇。

中國古代的工商業並不發達，到了戰國時代，工商業才是一個起步。中國古代有權決定祭祀禮儀的人，根本沒有想起民間需要財神這件事情。所以在爲官方、爲民間擬制七祀、五祀、三祀、一祀的神祇時，卻沒有把財神列在裏面。清代以前修的廟宇，也沒有一座叫財神的廟。

現代工商社會百業發達，商號經常供奉的財神，出現最多的其中一位神祇，是玄壇元帥趙公明，傳說祂是姜子牙封神時受封的。跟祂一起受封的，還有招寶天尊蕭昇、納珍天尊曹寶封、招寶使者陳九公、利世仙官姚少司等。後人奉祂們五神爲五路財神，但只是偏財神，而不是正財神，中國北方人稱祂們爲五顯財神，江南一帶稱路顯財神。

赤顏的關羽被奉爲武財神。

「萬里進財」這幅年畫，車上有聚寶盆，象征着進財不怕萬里遙遠。

天上的北斗魁前，有六顆很閃耀的星星，分別是上將星、次將星、貴相星、司命星、司中星和司祿星。其中的司祿星就是文昌星。上天掌管人間祿事的是文昌帝君，又叫梓潼帝君，祂姓張，名亞子，民間商號都奉祂爲財神，是爲文財神。

也有許多商店字號供奉赤顏的關羽爲財神，是武財神。中國各省設的關帝廟，爲的是祂生前的忠義。湖北襄陽境內有一座叫三郎神的寺廟，供的就是關公。傳說這座廟建在四絕地境，是鬼助土木把祂蓋起來的。廟的大門從來不關，廟內到處都是「財帛縱橫，莫敢盜者」，是一座神靈顯明的關帝廟。

“关羽为武财神”资料

第六十五籤 庚戌 上上

蒙正木兰寺合诗

朔風凛凛正窮冬。漸覺門庭喜氣濃。
更入新春人事後。衷言方得信先容。

聖意：財多得 名高中 可問婚 亦宜訟 病即安 行人動 禍變消 福力重

東坡解：數極於冬。窮久則通。交季冬月。喜氣重重。新春一至。和氣愈充。好遇貴客。百事皆同。

碧仙註：失意反成得意歸。入門一卦見仙機。當時險難皆平靜。百事和諧沒是非。

解曰：此籤沉滯既久。因而將亨之象。譬寒冬凛烈之際。剝極陽生。漸得交泰。更新萬物。從此發生。正多美景。占此者。季冬有喜。交春人事遂意。又有一番好消息。指日俟之。

釋義：朔風凛凛。冬時窮悴極矣。門庭喜氣。生機勃勃欲動矣。更入新春。三陽開泰。光景榮華。衷言。指衷曲謀望之事。信先容。言此時信息通達。必有貴人爲之接引。爲之揄揚。衷曲得以開陳。好音不日到耳也。

占驗：一生科舉占此。臨試給冬字號簽。不取。所謂窮冬者是也。後遺才收錄。應更入句。

65

第三十六簽 羅隱求官

上吉 丁巳

功名富貴自能爲
偶著先鞭莫問伊
萬裏鵬程君有份
吳山頂上好鑽龜

東坡解：富貴分定。遲速有時。藏器以待。切莫怨遲。撥天事業。時至即爲。若到天邊。便可決疑。

解曰：此簽不可躁進。欲速則不達也。功名富貴。遲速有時。待時而動則吉。鵬程有分。定可達到。名必成。財必遂。運程坦坦。轉瞬揚眉吐氣時也。

聖意：名與利 在晚成 論得理 病漸亨 問遠信 阻行程 婚可合 孕將生

碧仙註：榮華有分。未得其時。他人早達。切莫恨遲。

釋義：功名富貴。有志竟成。他人先鞭得意。不必羨慕鵬程有分。科第無疑。不過稍遲耳。吳山。系杭州山名。鑽龜。卜也。若問地方。當主浙省。凡事謀爲如意。先難後易。晚景榮華。

关帝签谱

抽签

书影

第二部分

武廟之冠

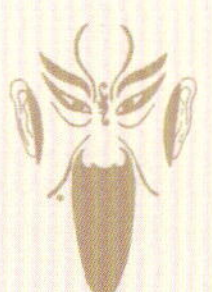

关公殁后，以至于明清，奉祀关公的庙宇遍及神州的乡乡村村，而坐落在关公故里的解州关帝祖庙堪称天下第一。他不仅为国内乃至海外关庙中最为壮观的宫殿式建筑群，也是世界上现存最好、最完整的关庙之一。由来已久的关庙祭祀活动也以解州关帝庙为最，其规格之高、规模之大、典礼之隆无与伦比。近年来由关公故里举办的一年一度之“关帝金秋大祭”，更是集锦荟萃，令人耳目一新，吸引了无数海内外人士来此朝圣寻根。

關公歿後，以至於明清，奉祀關公的廟宇遍及神州的鄉鄉村村，而座落在關公故里的解州關帝祖廟堪稱天下第一。他不僅為國內乃至海外關廟中最為壯觀的宮殿式建築群，也是世界上現存最好、最完整的關廟之一。由來已久的關廟祭祀活動，也以解州關帝廟為最。其規格之高、規模之大、典禮之隆，無與倫比。近年來，由關公故里舉辦的一年一度之「關帝金秋大祭」更是集錦薈萃，令人耳目一新，吸引了無數海內外人士來此朝聖尋根。

解州关帝庙全景

解州關帝祖廟，位於今山西省運城市解州鎮南面條山，北負鹽池，湖光山色，美奂美侖，佔地面積一萬八千平方米，創建於陳隋，歷代均有修葺，現為明清遺存，總體分為結義園和主廟兩大部分，布局壯闊，建築宏麗，殿閣嵯峨，城垛如雲，氣勢雄偉，頗有一種王宮帝闕的非凡氣宇，素有“武廟之冠”之譽。

解州关帝祖庙，位于今山西省运城市解州镇，南面条山，北负盐池，湖光山色，美奂美轮，占地面积一万八千平方米，创建于陈、隋，历代均有修葺。现为明清遗存，总体分为结义园和主庙两大部分，布局壮阔，建筑宏丽，殿阁嵯峨，城垛如云，气势雄伟，颇有一种王宫帝阙的非凡气宇，素有“武庙之冠”之誉

结义园坊，雄伟高大，结构精巧

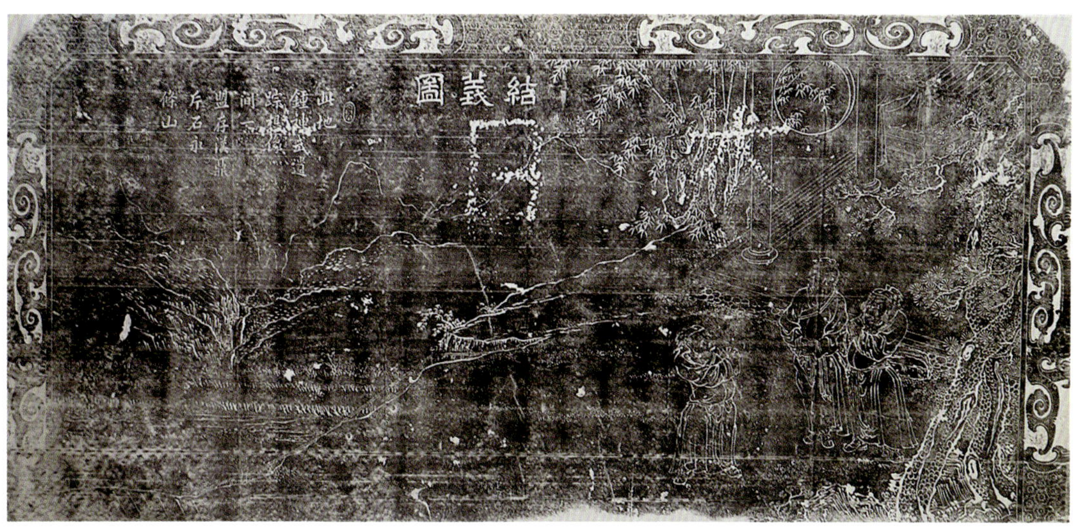

结义图（拓片）

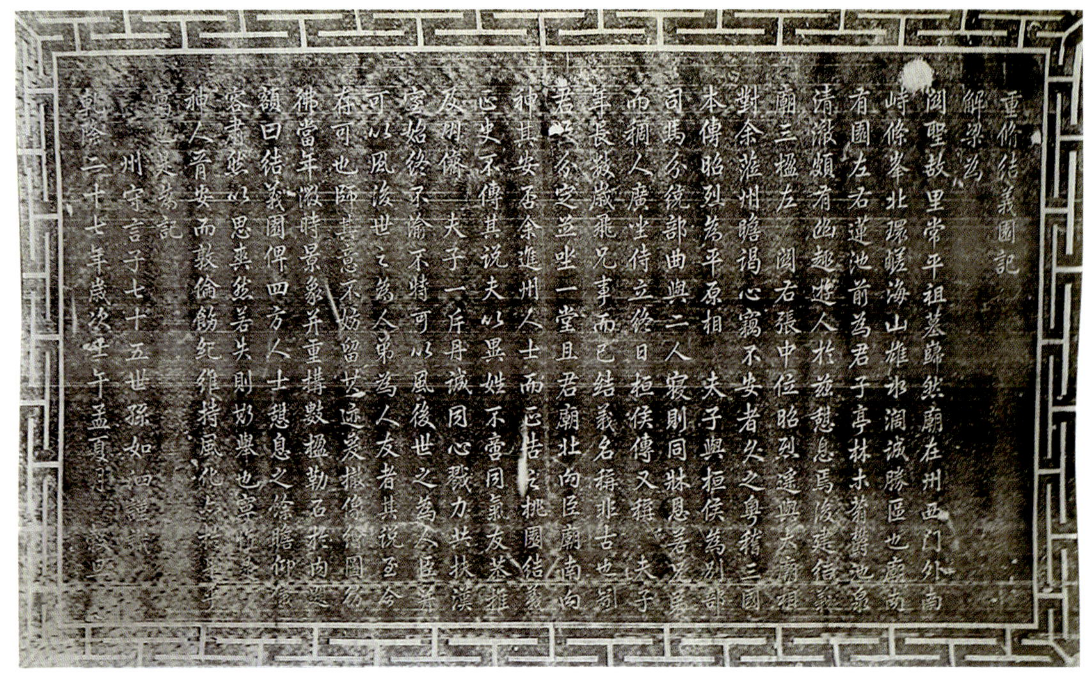

重修結義園記

解梁爲

關聖故里常平祖墓巋然廟在州西门外南

峙條峯北環鹺海山雄水濶誠勝區也廟南

有園左右蓮池前爲君子亭林木蒼鬱池泉

清澈頗有幽趣遊人於兹憩息焉後建結義

廟三楹左關右張中位昭烈遂與大廟相

對余涖州瞻謁心竊不安者久之粤稽三國

本傳昭烈爲平原相 夫子與桓侯爲別部

司馬分統部曲與二人寢則同牀恩若兄弟

而稠人廣坐侍立終日桓侯傳又稱 夫子

年長數歲飛兄事而已結義名稱非古也别

君臣分定並坐一堂且君廟北向臣廟南向

神其安否余進州人士而正告之桃園結義

正史不傳其說夫以異姓不啻同氣友基雅

友朋儀 夫子一片丹誠同心戮力共扶漢

室始終不渝不特可以風後世之爲人臣者

可以風後世之爲人弟爲人友者其說至今

存可也師其意不妨留其迹爰撤像繪圖[illegible]

備當年徵時景象并重搆數楹勒石於內[illegible]

額曰結義園俾四方人士憩息之餘瞻仰[illegible]

容者皆以思興兹若失則[illegible]也寧[illegible]

神人胥安而敦倫飭紀维持風化[illegible]

寫[illegible]是爲記

州守言子七十五世孫如泗謹撰

乾隆二十七年歲次壬午孟夏[illegible]

重修结义园记（拓片）

君子亭，单檐歇山卷棚顶，下有台基，周有勾栏

"三分砥柱"（拓片）

"三分砥柱"，象征蜀汉在三国鼎立中如中流砥柱

琉璃影壁，位于正庙门口，端门对面。其上蟠龙壮实飞舞，鞍马人物顾盼多姿

明代铁狮，雄踞于端门两旁，朴实生动，威猛强壮

挡众，立于端门之前，铁制，为古代官员来庙朝谒时文官下轿、武官下马的标示，以显示圣庙威严

端门系三座仿木砖结构拱形门，为解州关帝祖庙第一道门，上有雉堞，中门额题“关帝庙”，背题“扶汉人物”，左右门额分别书有“大义参天”“精忠贯日”

“威震华夏”木坊，位于鼓楼以西，初建于明，清乾隆、同治时修葺，四柱三门，斗拱缠云，壮观雄伟

“万代瞻仰”石坊，位于钟楼以东，明崇祯九年(公元1636年)创建，五柱五楼五斗拱，四面刻有三国故事和装饰花纹，设计精巧，雕刻古朴

钟楼

鼓楼

雉门，俗称大门，专供来此拜谒的帝王进出。清光绪九年（公元1883年）被焚后重建，单檐歇山顶，面宽、进深均为三间

戏台，又称路台，在雉门后半部，平时为通道，铺以台板，即可上演关公剧目。台中有横额，楷书“全部春秋”，上下场门首分别题额：“演古”、“证今”

文经门，位于雉门东侧，封建时代供文官进出

武纬门，位于雉门西侧，封建时代供武官进出

部将祠，位于文经门东侧，进深二间，供关公部将周仓（居中）、司马王甫和都督赵累（分居左右）

崇圣祠，位于文经门以东，祠为清代所建，供奉关公之祖先

追风伯祠，位于武纬门西侧，供关公坐骑赤兔马。追风伯系明神宗（朱翊钧）为赤兔马所封之号

胡公祠，位于武纬门以西，为胡姓族人于唐代所建。相传，关夫人系胡家之女，祠内供关公之岳父母

午门，面宽五间，进深三间，清光绪九年（公元1883年）被火焚后重建，并将原两侧周仓、廖化的塑像改为画像。墙北绘有关公生平故事壁画

廖化，字元俭，襄阳（今湖北襄樊）人，为关公属下主簿，官至右车骑将军，封中乡侯

周仓，平陆（今山西省平陆县）人，与关公同乡，极有勇力，追随关公至死不渝。明神宗封武烈侯

关公生平故事壁画

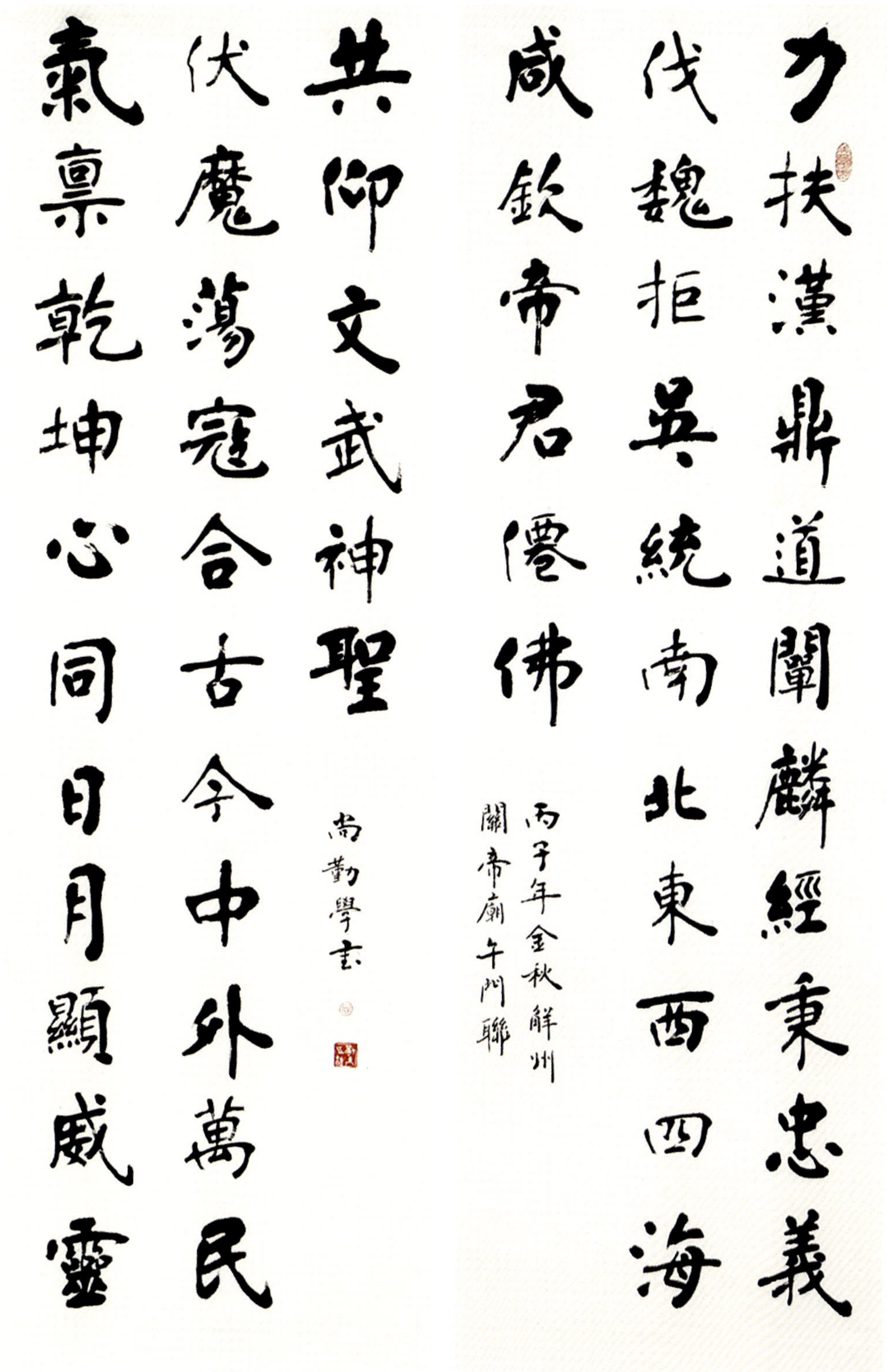

力扶漢鼎道闡麟經秉忠義
伐魏拒吳統南北東西四海
咸欽帝君僊佛

丙子年金秋解州
關帝廟午門聯

共仰文武神聖
伏魔蕩寇合古今中外萬民
氣稟乾坤心同日月顯威靈

尚勤學書

午门对联（书法）

“普济商民”匾

“山海钟灵”坊矗立于午门之北，为中轴线上第一座木牌坊

"精忠贯日"木坊，位于午门之东

"大义参天"木坊，位于午门之西

御书楼，原名八卦楼，清乾隆二十六年（公元1761年）为纪念康熙御书"义炳乾坤"牌匾，改名御书楼。此楼面宽四间，纵深三间，外廊十六间，两层三檐，前为歇山顶抱厦，后为卷棚顶戏台，构思精巧，造型华美

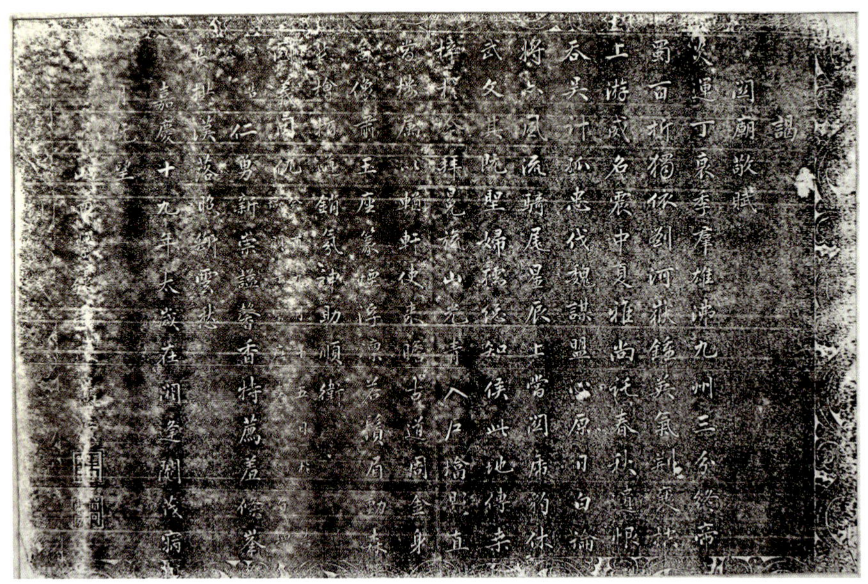

谒关庙敬赋（拓片）

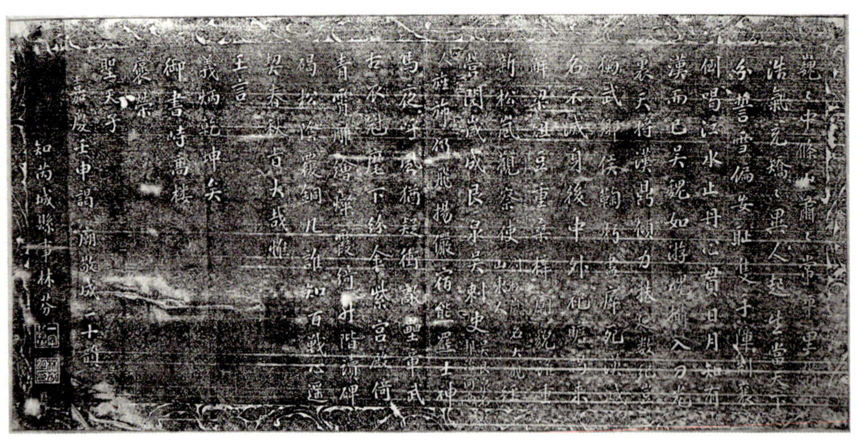

谒庙敬赋二十韵（拓片）

此匾悬于御书楼楼北。“绝伦逸群”为诸葛亮对关公的赞语，书者言如泗（公元1706—1797年），江苏省昭文县人，时任解州知州。此匾飞白运笔，转折灵活，气足神完，为庙内最佳榜书

焚表炉，明代铸造，造型美观，技艺精湛

旗杆，铸造于清雍正年间（公元1723—1735年），高约二丈。下以大象为座，上有云龙翻飞

碑亭，建于清雍正十二年（公元1734年），重檐六角攒尖顶，下有基座和护栏，亭内竖有清和硕果亲王来庙敬香时诗碑一通

清和硕果亲王诗（拓片）

钟亭，建于清嘉庆十四年（公元1809年）。造型与碑亭相同，亭内悬挂铜钟一口，重万斤，清顺治十七年（公元1660年）铸

铜钟铭文

崇寧殿，為廟內主殿，宋崇寧三年（公元一一零四年）徽宗封關羽為“崇寧真君”，故名。內供關帝神像。此殿面寬七間，進深四間，重檐歇山頂，環廊二十二間，周有雕龍石柱二十六根，雕梁畫棟，飛檐流丹，殿宇輝煌，雄奇壯觀。

崇宁殿为庙内主殿，宋崇宁三年（公元1104年）徽宗封关羽为“崇宁真君”，故名。内供关帝神像。此殿面宽七间，进深四间，重檐歇山顶，环廊二十二间。周有雕龙石柱二十六根，雕梁画栋，飞檐流丹，殿宇辉煌，雄奇壮观

关公帝装像，形象伟岸，为士民敬仰的偶像

“义炳乾坤”匾悬于殿内神龛上方，为清康熙皇帝御书

“万世人极”匾悬于正殿檐下，为清咸丰皇帝御书

“神勇”匾

崇宁殿前月台的桌上有尺余长遗痕，传为关公试刀所留

崇宁殿前石阶上，传为鲁班参建关帝祖庙时留下的钉子

正殿门西，长约尺余的足痕，传为关公足迹

正殿廊柱之一，相传关羽夜梦猪咬足，遂在回马坡遇难

蟠龙飞舞、云海翻腾的石雕

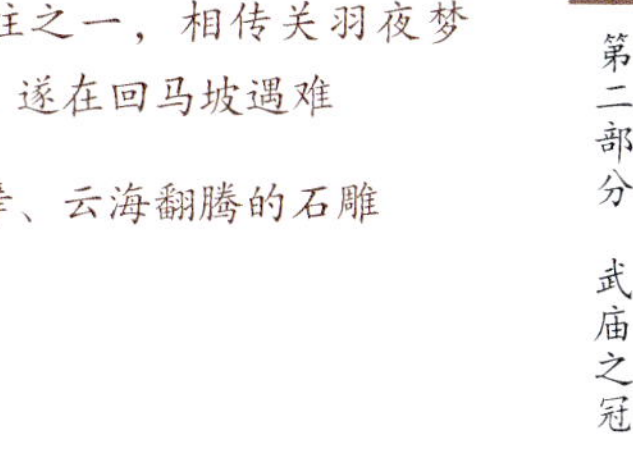

明铸铁狮，昂首挺胸，威武雄健。胡人，高鼻深目，为饲养狮子的域外人

青龙偃月刀，又名冷艳锯，重约300斤

"气肃千秋"坊，矗立于春秋楼前，为庙内最高、最大之木坊

刀楼，位于春秋楼西侧，清乾隆二十七年（公元1762年）建。内置青龙偃月刀(仿制）

春秋楼

印楼，位于春秋楼东侧，竣工于清嘉庆十四年（公元1809年）。内置“汉寿亭侯”印玺(仿制）

春秋樓，以樓内塑有關公夜觀《春秋》像而得名。因《春秋》雅名為《麟經》，故又稱麟經閣，明萬曆年間（公元1573年至1620年）增建，清同治九年（公元1870年）重建，該樓面寬五間，進深四間，環廊二十二間，歇山頂，兩層三檐，高約三十餘米，為廟内最高建築，上下二層均有回廊，樓上木柱伸出平坐，吊掛四面長廊，人行其上，如步虛空，這種懸柱托梁結構，實為中國建築史上所罕見，為中外建築專家嘆服。

春秋楼，以楼内塑有关公夜观《春秋》像而得名。因《春秋》雅名为《麟经》，故又称麟经阁。明万历年间（公元1573年—1620年）增建，清同治九年（公元1870年）重建。该楼面宽五间，进深四间，环廊二十二间，歇山顶，两层三檐，高约三十余米，为庙内最高建筑。上、下二层均有回廊，楼上木柱伸出平坐，吊挂四面长廊，人行其上如步虚空。这种悬柱托梁结构，实为中国建筑史上所罕见，为中外建筑专家叹服

关公武像，位于春秋楼下，形象威武，不失大将风度

1. 石龙柱
2. 木雕龙
3. 悬梁吊柱
4. 琉璃瑞兽
5. 木雕凤
6. 藻井
7. 琉璃瑞禽

誌祀典。

明嘉靖年間，定京師祀典，每歲五月十三日，遇關帝生辰，用牛一、羊一、豬一、菓品五、帛一，遣太常官行禮。四孟〔四〕及歲暮，遣官祭，國有大事則告。凡祭，先期題請遣官行禮。

解州廟祭，以四月八日，九月十三日爲祀期。於時尚爲小祀，不用牛。萬曆中巡撫呂坤酌定祭品鹿一、兔一、羊豬各一、藁魚豕肉四色祭。米餅、滲糗米粉、棗榛栗、菱芡菓蔬韭菁芹筍、酒鹽香帛、燭炬、松膏各如儀。春秋祭祀。因解人監生蒲昭奏請用庚日，如上戊、上丁例，以庫錢備物，官攝其祭。

崇聖殿祭品視前，惟鹿以羊代。

正殿祝文：惟帝忠義貫日，英烈蓋世，志復漢基，百代崇祀。惟茲解州，實帝故里，今當仲春秋，謹以牲帛粢醴，式陳明事。

崇聖殿祝文：惟神葆真涵光，孕秀毓醇，發祥應運，聖嗣篤生。正直不迴，威靈烜赫〔五〕，天壤同朽、金石靡泐〔五〕，有開必先，疇其啓佑，丕顯丕承，神功斯懋。餘忝守土，肅舉時禋，洊來聘齋〔七〕，如格如歆。

國朝雍正五年（公元一七二七年），太常寺奏定，如中祀禮，每年除五月十一日，前殿照常祭祀，用牛一、豬一、羊一、帛一、菓五盤，其春秋二祭，照文廟之例，用牛一、豬一、羊一、籩荳十、帛一，以州守主祭，行三跪九叩首禮。

崇聖殿，惟豬各一、羊各一、籩荳各八、帛各一，春秋部擇致祭日期。

正殿祝文：惟帝純心取義，亮節成仁，允文允武，乃聖乃神。功高當世，德被生民，兩儀正氣，歷代明禮，英靈丕著，封號聿新，敬修歲事，顯佑千春。

乾隆九年正月，頒正殿祝文：惟帝浩氣凌霄，丹心貫日。扶正統而彰信義，威震九州；完大節以篤忠貞，名高三國。神明如在，偏祠宇於寰區。靈應丕昭，薦馨香於歷代。屢征異蹟，顯佑羣生，恭值嘉辰，遵行祀典。筵陳籩荳，凡奠牲醪。

崇聖殿祝文：惟公世澤貽庥，靈源積慶，德能昌後。篤生神武之英善，則歸親宜享，尊崇之報列上。公之封爵，錫命猶隆，合三世以肇禋典，章明備恭，逢諏吉祇事薦馨。

乾隆九年諭頒祭文
維帝浩氣凌霄。
丹心貫日。扶正
統而昭信義。威
震九州。完大節
以篤忠貞。名高
三國。神明如在。
徧祠宇於寰區。
靈應丕照。薦馨
香於歷代。屢徵
異績。顯佑群生。
恭值佳辰。遵行
紀典。筵陳籩豆。
式奠牲醪。尚饗。

咸豐諭頒祝文
維神星日英靈
乾坤正氣。允文
允武。紹聖學於
千秋。至大至剛
顯神威於六合。
仰聲靈之赫濯
崇典禮於馨香。
茲當仲春（秋）。
用昭時饗。尚祈
昭格。克鑒精虔。
尚饗。

咸豐另頒五月十三
日聖誕祝文
維九宇承庥。兩
儀合撰。崧生嶽
降。溯誕降之靈
神。日午天中。届
恢臺之令序。聽
明正直。壹者也。
千秋徵肸蠁之
隆。盛德大業。至
矣哉。六幕肅馨
之薦。爰循懋典。
式展明禋。苾芬
明陳。精誠鑒格。
尚饗。

時代	主祭	祀期	祭品
明嘉靖	州守	四月八日 五月十三日 除夕	羊、猪各一头、菓品五件、帛一疋。
明萬曆	州守	除夕	猪、羊、鹿、兔各一頭、菓魚豚肉、四色米餅、糇（飯粒）粻（炒熟的米、麥等）米粉、粢（糍飯團）、榛、栗、菱、芡、果蔬、韭青、芹、笋、酒、醢、香、帛、燭炬、松膏等。
清乾隆	太常官 州守	春秋	帛一、爵三、牛一、羊一、猪一、菓品五盤（核桃、荔枝、龍眼、棗、栗各一）、酒一、尊一。
清咸豐	州守	四月八日（傳帝受封日） 九月十三日（忌日）	行禮三跪九叩、樂六奏、舞六。祭品：帛、爵、牛、羊、猪、登、鉶、罏、簠各一、簋、鐙各二、豆、籩各十。

明、清解州关帝祖庙祭祀典礼规格及内容

大祭盛况

關帝金秋大祭為關公故里人們集河東民間祭祀傳統效關帝廟古代祭祀大略仿明清祭規範綜合編排而成。每年一度於十月十八日舉行。期間尚有古廟會助興。屆時海內外關氏宗親、關公崇拜者、工農商仕民數千人皆雲集解州關帝祖廟參加這一隆重而又典雅的仿古祭祀表演活動。

祀時	祭品	祭樂	獻舞
十月十八日（金秋）	三牲（牛、猪、羊）	仿古雅樂（八音之設）編磬、笛、管、塤、笙、琵琶、箏、鼓、方響、雲鑼、柷、敔	擬文德之舞、武功之舞、大儺之舞

关帝金秋大祭，为关公故里人们集河东民间祭祀传统，效关帝庙古代祭祀大略，仿明清祭规范综合编排而成，每年一度于十月十八日举行。期间，尚有古庙会助兴。届时，海内外关氏宗亲、关公崇拜者、工农商仕民数千人皆云集解州关帝祖庙，参加这一隆重而又典雅的仿古祭祀表演活动

祀时、祭品、祭乐、献舞（表）

大祭开始

献艺

进俎

迎神

上香

奠玉巾

祭品

行初献礼

读祝文

行终献礼

饮福酒

协律

行文德之舞

鸣鼓

行武功之舞

行大雉之舞

送神

海外人士朝拜

关公庙会开幕式

舞狮

关公锣鼓

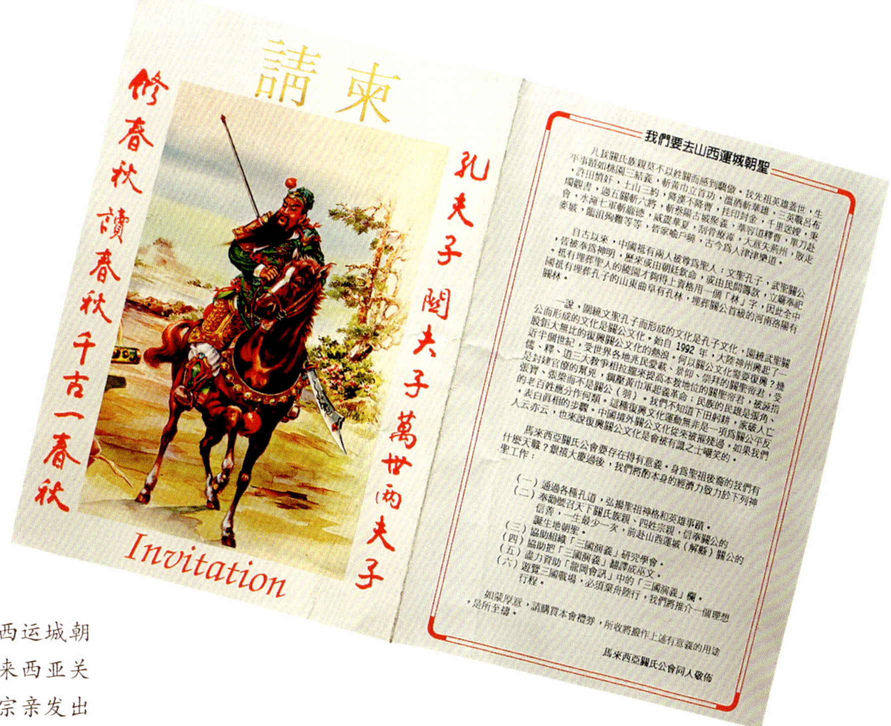

我們要去山西運城朝聖

凡我關氏族親莫不以姓關而感到驕傲。我先祖英雄蓋世，生平事蹟如桃園三結義，斬黃巾立首功，溫酒斬華雄，三英戰呂布，許田憤奸，土山三約，降漢不降曹，挂印封金，千里送嫂，秉燭觀書，過五關斬六將，斬蔡陽古城聚義，華容道釋曹，單刀赴會，水淹七軍斬龐德，威震華夏，刮骨療毒，大意失荊州，敗走麥城，臨沮殉難等等，皆家喻戶曉，古今爲人津津樂道。

自古以來，中國祗有兩人被尊爲聖人：文聖孔子，武聖關公，皆被奉爲神明，歷來或由朝廷欽命，或由民間籌款，立廟奉祀。祗有埋葬聖人的陵園才夠得上資格用一個「林」字，因此全中國祗有埋葬孔子的山東曲阜有孔林，埋葬關公首級的河南洛陽有關林。

一說，圍繞文聖孔子而形成的文化是孔子文化，圍繞武聖關公而形成的文化是關公文化。始自 1992 年，大陸神州興起了一股鉅大無比的復興關公文化的熱浪。何以關公文化需要復興？幾近半個世紀，受世界各地兆民愛戴、景仰、崇拜的關聖帝君，受儒、釋、道三大教爭相拉攏來提高本教地位的關聖帝君，被誣指是封建官僚的幫兇，鎮壓黃巾軍起義革命；民族的民雄是張角、張寶、張梁而不是關公（羽）。我們不知道下田躬耕，家破人亡的老百姓應分作何類。這種復興文化運動無非是一項爲關公平反，表白眞相的步驟。中國境外關公文化從來被摧殘過，如果我們人云亦云，也來說復興關公文化是會被有識之士嘲笑的。

馬來西亞關氏公會要存在得有意義。身爲聖祖後裔的我們有什麼天職？銀禧大慶過後，我們將酌本身的經濟力致力於下列神聖工作：

（一）通過各種孔道，弘揚聖祖神格和英雄事蹟。
（二）奉勸號召天下關氏族親、四姓宗親，信奉關公的信善，一生最少一次，前赴山西運城（解縣）關公的誕生地朝聖。
（三）協助組織「三國演義」研究學會。
（四）協助把「三國演義」翻譯成巫文。
（五）盡力資助「龍岡會訊」中的「三國演義」欄。
（六）遊覽三國戰場，必須棄舟陸行，我們將推介一個理想行程。

如蒙厚意，請購買本會禮券，所收將撥作上述有意義的用途，是所至禱。

馬來西亞關氏公會同人敬佈

“我们要去山西运城朝圣！”这是马来西亚关氏公会向关姓宗亲发出的诚挚恳请

第三部分

紀念盛況

关公忠义仁勇，深受历代士民敬仰和爱戴，明清时代由于封建统治者的频频垂青和大力推崇，使关公声威愈加显赫起来。庙宇盈九州，英名播四海，即便是久居海外的炎黄子孙，乃至是深受汉文化熏陶影响的士民，对关公莫不钦仰敬慕，顶礼膜拜，尤其是散处世界各地的关氏后裔，对先祖关公更是感念至深，无限崇拜。他们身居异国，但不忘其根本，忠义是尚，团结友爱，使关公精神与美德不断发扬光大，馨播海外。

關公忠義仁勇，深受歷代士民敬仰和愛戴。明清時代，由於封建統治者的頻頻垂青和大力推崇，使關公聲威愈加顯赫起來，廟宇盈九州，英名播四海。即便是久居海外的炎黃子孫，乃至是深受漢文化薰陶、影響的士民，對關公莫不欽仰敬慕，頂禮膜拜，尤其是散處世界各地的關氏後裔，對先祖關公更是感念至深，無限崇拜。他們身居異國，但不忘其根本，忠義是尚，團結友愛，使關公精神與美德不斷發揚光大，馨播海外。

關林位於今河南省洛陽市南七公里處的關林鎮，明萬曆二十一年（公元1593年）於關公首級埋葬處建坊，三年後建廟，初名關塚，明代稱關夫子塚廟，清初名關帝陵廟，道光時改稱關林，清乾隆五十六年（公元1791年）擴建，始成今日規模，陵廟佔地面積六萬餘平方米，由二重門廡，四座大殿構成廟內建築主體，兩翼配以鐘鼓樓，長廊等，並附有石坊四座，翠栢八百餘株，碑刻七十餘通，大小獅子一百多個，整個廟宇古栢掩映，氣象森嚴。

关林，位于今河南省洛阳市南七公里处的关林镇。明万历二十一年（公元1593年）于关公首级埋葬处建坊，三年后建庙，初名关冢。明代称关夫子冢庙，清初名关帝陵庙，道光时改称关林，清乾隆五十六年（公元1791年）扩建，始成今日规模。陵庙占地面积六万余平方米，由二重门庑、四座大殿构成庙内建筑主体，两翼配以钟鼓楼、长廊等，并附有石坊四座，翠柏八百余株，碑刻七十余通，大小狮子一百多个。整个庙宇古柏掩映，气象森严

山门也叫大门，五开间，三门道硬山式，两边有八字墙，门额上悬挂金字匾额，上书“关林”二字

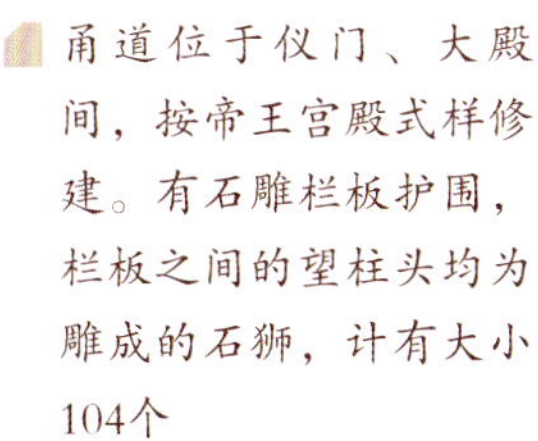

甬道位于仪门、大殿间，按帝王宫殿式样修建。有石雕栏板护围，栏板之间的望柱头均为雕成的石狮，计有大小104个

拜殿又称“启圣殿”，位于大殿前，与大殿相连。五开间，卷棚顶，为古代举行祭祀时百官僚属谒拜处

大殿始建于明万历二十四年（公元1596年），清代多有重修，面阔七间，进深三间，庑殿顶，是关林最大的一座建筑

钟、鼓楼分立于甬道两侧，皆为十字脊重檐高台阁楼，四角悬以铁马。钟楼居东，悬挂大铜钟一口，为明万历三十年（公元1602年）所铸。鼓楼居西，鼓已不存

二殿位居大殿之后，五开间庑殿顶建筑。门额上方悬挂清光绪帝御题匾“光昭日月”。殿内塑有“关公怒视东吴戎装坐像”。殿后即为石坊与关冢

此像系今人新塑，关公身着绿袍金甲，足蹬云头战靴，双眉紧锁，怒视东南（东南，意指三国吴地）。面目清秀、捧大印立于左者为关平。环眼黑髯、持大刀立于右者为周仓

当阳关陵，位于今湖北省当阳县西北三公里许。因关公尸骸葬此，南宋淳熙十年（公元1183年）建祭亭，元至元年间（公元1335—1340年）建神道坊门，明成化三年（公元1467年）始建庙宇，其后不断扩建修葺。占地面积六万余平方米，主体建筑有神道碑亭、石坊门、三圆门、马殿、拜殿、正殿、寝殿，另有钟鼓楼、春秋阁、启圣宫等。楼阁参差，殿堂森严

當陽關陵，位於今湖北省當陽縣西北三公里許，因關公屍骸葬此，南宋淳熙十年（公元1183年）建祭亭，元至元年間（公元1335至1340年）建神道坊門，明成化三年（公元1467年）始建廟宇，其後不斷擴建修葺，佔地面積六萬餘平方米，主體建築有神道碑亭、石坊門、三圓門、馬殿、拜殿、正殿、寢殿，另有鐘鼓樓、春秋閣、啟聖宮等，樓閣參差，殿堂森嚴。

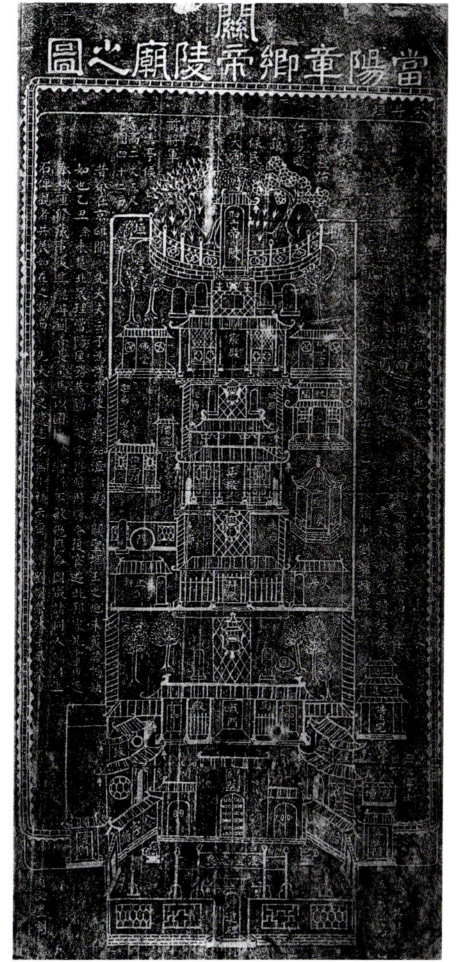

关陵全景

石牌坊，亦称门阙，位于三圓门前，明嘉靖三十七年（公元1558年）建。坊额题刻“汉室忠良”四字

三圓门，亦称山门，旧称仪门，为关陵第一道门。始建于明成化三年（公元1467年），清康熙三十四年（公元1695年）壮其规模，1983年重修

马殿，始建于明嘉靖三十五年（1556年），1984年落架大修，单檐硬山顶，殿内新塑关公、关平坐骑及马夫

赤兔马原为董卓坐骑，后归吕布，被侯成等盗送曹操，曹操又赠关公。关公殁后，被马忠所获，数日不食而死。原塑于明嘉靖三十五年（公元1556年），1989年重塑

白马系关平坐骑，原塑于明嘉靖三十五年（公元1556年），1989年重塑

拜殿，亦名祭殿，建于明成化三年（公元1467年），清康熙三十四年（公元1695年)大修，单檐硬山顶。殿左右分别为清道光二年（公元1822年）创建的“来止轩”（迎接香客茶叙小憩，并做签房）与供香客斋戒的“斋房”

正殿，始建于明成化三年(公元1467年），清顺治七年（公元1650年）圮毁，康熙十七年（公元1678年）重修，为关陵主体建筑。殿高14米，重檐歇山顶，面宽三间，内塑关公坐像，门上悬有清同治帝御笔“威震华夏”匾额

圣像亭，原名八角亭，位于正殿右侧，因亭内有“关帝圣像”，改称圣像亭，始建于清康熙三十四年（公元1695年）。亭内现存“汉寿亭侯像”和“关公遗言”两通石碑

寝殿，为关陵最后一座大殿，殿后即为关陵。此殿始建于明成化十五年（公元1479年），殿内原铸有关公铜像一尊，故又名铜殿。现存关公铜像，为1990年台湾桃园统天宫敬献

关公铜像气宇轩昂，左手捻髯，右手握书（《春秋》），正视前方，义无反顾

周口關帝廟位於今河南省周口市富強街，清代山西商人集資興建，其後屢經重修，於咸豐二年落成。廟宇為三進院落，佔地約二萬餘平方米。布局嚴謹，建築壯觀，並保存有許多雕造精美、巧奪天工的木、石、鐵、琉璃等藝術製品。

周口关帝庙，位于今河南省周口市富强街，清代山西商人集资兴建，其后屡经重修，于咸丰二年（公元1852年）落成。庙宇为三进院落，占地约二万余平方米，布局严谨，建筑壮观，并保存有许多雕造精美、巧夺天工的木、石、铁、琉璃等艺术制品

戏楼，清道光十七年（公元1837年）建，位于中院大殿后，面阔、进深均为三间，重檐歇山式，五彩斗拱，平板枋下镶蓝底金字“声振灵霄”匾

拜殿建于清咸丰元年（公元1851年），面阔五间，进深三间，单檐卷棚顶

春秋阁为庙内主体建筑，建于清嘉庆五年（公元1800年），面阔五间，进深三间，四周回廊，重檐歇山顶。正面檐下悬有“大义参天”等金字匾额，两旁青石柱上雕有许多楹联

关公帝王像

社旗山陝會館位於今河南省社旗縣城内，又名"山陝廟"、"關公祠"。建於清乾隆二十一年（公元1756年），至光緒十八年（公元1892年）竣工，歷時一百三十六年。為秦、晋商人行會。面積七千七百餘平方米。布局分前、中、後三進院落。位於中軸線上的建築有琉璃影壁、懸鑒樓、石牌坊、大拜殿、春秋樓，兩側配有轅門、鐘鼓樓、廂房、藥王殿、馬王殿等建築，規模宏大，氣勢非凡

社旗山陕会馆，位于今河南省社旗县城内，又名“山陕庙”、“关公祠”，建于清乾隆二十一年（公元1756年），至光绪十八年（公元1892年）竣工，历时一百三十六年，为秦、晋商人行会。面积七千七百余平方米，布局分前、中、后三进院落，位于中轴线上的建筑有琉璃影壁、悬鉴楼、石牌坊、大拜殿、春秋楼，两侧配有辕门、钟鼓楼、厢房、药王殿、马王殿等建筑，规模宏大，气势非凡

会馆全景

琉璃影壁，位于会馆最南端，高15米，宽10米，单檐歇山顶，青石须弥座基，壁身用百余块琉璃方砖砌成。正、背两面遍饰龙凤、山水、人物、花卉等图案，构思巧妙，色泽绚丽。图为影壁局部

东、西辕门，筑于高大砖券拱门上，东西相对，单檐歇山顶，下有砖护栏围绕，正中分嵌“升自阶”、“阅其履”匾额

关公像

石牌坊坐落于大拜殿前月台上，有左、中、右三座。图为中牌坊，三间四柱式，须弥座，方柱，其上刻有歌颂关公的联、额

大拜殿，会馆的主体建筑，雕梁画栋，富丽堂皇，由大殿和拜殿两部分组成。拜殿在前，大殿在后。拜殿面阔、进深各三间，卷棚顶，门上悬“三国一人”匾额。大殿面阔三间，进深五间，重檐歇山顶。大殿内原有暖阁一座，高三米，内设关公牌位。药王殿、马王殿分居大拜殿东、西两侧。药王殿供奉唐代名医孙思邈，马王殿供奉马王爷

悬鉴楼，会馆戏楼，兴建于清嘉庆元年（公元1796年），楼高30米，三重檐歇山式，楼北面建有戏台，上悬“悬鉴楼”匾额。两侧为钟、鼓楼，皆系重檐歇山式

聊城山陝會館俗稱關帝廟、位於今山東省聊城東關古運河西岸、座西朝東、面河而立。清初秦晉商人集資興建、佔地三千餘平方米。整體建築由山門、過樓、戲樓、看樓、獻殿、正殿、春秋閣、望樓等組成、布局緊湊、疏密得體。

聊城山陕会馆俗称关帝庙，位于今山东省聊城东关古运河西岸，坐西朝东，面河而立，清初秦晋商人集资兴建，占地三千余平方米。整体建筑由山门、过楼、戏楼、看楼、献殿、正殿、春秋阁、望楼等组成，布局紧凑，疏密得体

大义参天殿，即南、中、北三殿中的中殿，因正门上悬“大义参天”匾额，故名

南、中、北三殿呈“一”字形，位于戏楼正对门，均为硬山卷棚顶。中殿亦称正殿，略高于南、北殿，供奉关公，南殿供奉文昌火神，也称文昌火神殿，北殿供奉财神，也称财神大王殿

戏楼，为两层三间，重檐歇山建筑，设计精巧，造型别致，正面石刻匾额题“岑楼凝霞”四字

灞陵橋關帝廟，位於今河南省許昌市西郊四公里處灞陵橋西，係後人為紀念關公在此辭曹挑袍而修建。近年來維修後新增有許多關公傳説故事壁畫及石刻。圖為該廟山門。

灞陵桥关帝庙，位于今河南省许昌市西郊四公里处灞陵桥西，系后人为纪念关公在此辞曹挑袍而修建，近年来维修后新增有许多关公传说故事壁画及石刻。图为该庙山门

拜殿为奉祀关公之场所

此像为近年新塑，其造型构思于关公灞陵挑袍、千里走单骑故事

北京關岳廟位於今北京市西城區，俗稱武廟，供奉關公和岳飛，現存獻殿和民國時期的碑刻等。

北京关岳庙，位于今北京市西城区，俗称武庙，供奉关公和岳飞，现存献殿和民国时期的碑刻等

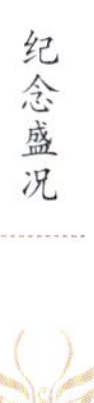

雍和宮位於北京市東城區、為北京現存最大的喇嘛廟、廟中建於乾隆九年（公元1744年）的雅曼達嘎樓內供有關公。

雍和宫，位于北京市东城区，为北京现存最大的喇嘛庙，庙中建于乾隆九年（公元1744年)的雅曼达嘎楼内供有关公

雍和宫雅曼达嘎楼中关公像

安徽亳州大关帝庙，位于今安徽省亳州老城北关，为山西、陕西商人于清顺治十三年（公元1656年）所建。建筑面积三千余平方米，设山门、钟鼓楼、戏楼、大殿等建筑，并附铁旗杆、石狮子等，建筑宏伟，雕绘富丽。图为山门

沙市春秋閣、位於今湖北省沙市中山公園内，原是清嘉慶年間建在市西郊金龍寺前的一座戲樓，一九三一年遷此改建，閣内供奉關公讀《春秋》像，故名。該閣面闊三間，上下兩層，九脊頂，結構嚴密，金碧煥采。

沙市春秋阁，位于今湖北省沙市中山公园内，原是清嘉庆年间建在市西郊金龙寺前的一座戏楼。1931年迁此改建，阁内供奉关公读《春秋》像，故名。该阁面阔三间，上、下两层，九脊顶，结构严密，金碧焕采

关公读《春秋》像

晋祠关帝庙，位于今山西太原市西南25公里晋祠内，创建年代不详，乾隆末年扩建。现存山门、大殿、钧天乐台（戏台）等建筑，大殿内塑有关公帝王像。图为山门

关公帝王像

戏台，位于山门正对面，面阔、进深各四间，匾额题为“钧天乐台”

關公在台灣

台灣和大陸密不可分，台灣人與大陸人有密切的血緣關係，台灣神也與大陸神有悠久的歷史淵源。全台寺廟奉祀的菩薩；可以說都是從大陸去的：從浙江去的觀音菩薩；從江西去的張天師；從山東去的孔聖人；從河南去的瞿公眞人；從四川去的文昌帝君和關聖帝君……諸神之中，要數關羽在台灣最受崇敬。

關羽在台灣，除擁有「關帝」、「武聖」等大陸上的全部尊號外，還有「伽藍爺」、「恩主爺」、「恩主公」、「伏魔大帝」、「協天大帝」等台灣「特產」。在大陸，周倉作爲警衛員，只有侍立一旁，聽候差遣的份；在台灣，周倉居然升格爲正神。在台北縣萬里鄉，還建造了周倉廟，與關羽同享香火。

台灣島不大，關羽廟卻爲數驚人，過去已有一百五十八座之多，現在還在繼續修建，而且規模宏大。台北北投的忠義行天宮，耗費高達五千多萬新台幣。

每年五月十三日，習爲關羽生辰。這一天全台各關羽廟都要舉行盛大祭典，熱鬧非凡。各界仰慕關羽的人，都爭相上香叩頭。關羽在台灣，眞有意想不到的殊榮。

《关公在台湾》文及赠像

祀典武庙，位于台南，初创于明，清康熙二十九年（公元1690年）重建，后屡有修葺。庙面宽三间，三川殿后带轩，正殿前亦带双轩，为台湾孤例。后殿又称三代厅，奉祀关帝先祖，建造精美，壮观雄奇。图为武庙大门

行天宫，坐落于台北市民权东路，1963年兴工，1967年落成，高大恢弘，堂皇壮伟，为台北主祀关圣帝君的名刹之一。图为行天宫大门

行天宫内景

高雄关帝庙，位于台南高雄市

香港大澳关帝庙，位于香港大澳街市中，始建年代不详，据碑载，清乾隆、咸丰、光绪年间均有重修。正门中央镌有“关帝古庙”横额，庙内三殿，正殿供关圣帝。图为该庙大门

香港关氏宗亲会，成立于1958年8月。图为该会纪念先祖关公宝诞活动

仰慕關帝忠義

港警署供奉膜拜

在全香港大部分的警署，特別是在刑事偵緝處的辦公室，都可以見到關帝像——偵緝人員所供奉的神靈。

究竟關帝從那時開始，深入警務人員心中，成爲他們尊崇的神靈？這個風氣的來龍去脈又是怎樣？

警察公共關係科發言人表示：關帝代表了忠義、英勇、誠懇和善良，這些優點都是警務人員所仰慕和渴望。所以警察都很虔誠供奉關帝，尤其是在進行偵察行動前，更以清香叩拜，望求馬到成功，把匪徒一網打盡。

警務人員供奉關帝，始於前黎兆總探長。他是第一位警務人員把一幅關帝像放在警署的刑事偵緝處。自此以後，很多警隊單位都仿效，在警署內供奉關帝。

第一幅關帝像放置在油麻地警署之內，但這幅舊畫像已於多年前由一幅新畫像取代了，繪這幅畫的畫家，更表示完成這幅畫後便從此收山。關帝在公元一六一年出生，終於公元二一九年，但是直至一九三一年才被供奉爲偵緝人員的神靈。

根據中國歷史記載在三國時代，關公和他的三個同伴劉備和張飛，趙雲，以掃除勢力龐大的黃巾賊黨而聞名於世。稍後，他們四人組成蜀國，與吳國及魏國鼎足而立。

在與其他兩國的戰爭中，關公均表現出一份英勇和忠心的大將軍氣派。他不單祗獲得他的部隊的讚賞，亦赢得敵國軍隊同樣的敬重。

他的英勇事蹟一直相傳下來，永垂不朽。香港的警務人員，就是鑑於關帝的英雄事蹟及凛然正氣，才選擇他作爲供奉的神靈。

香港警署供奉关帝像的报导

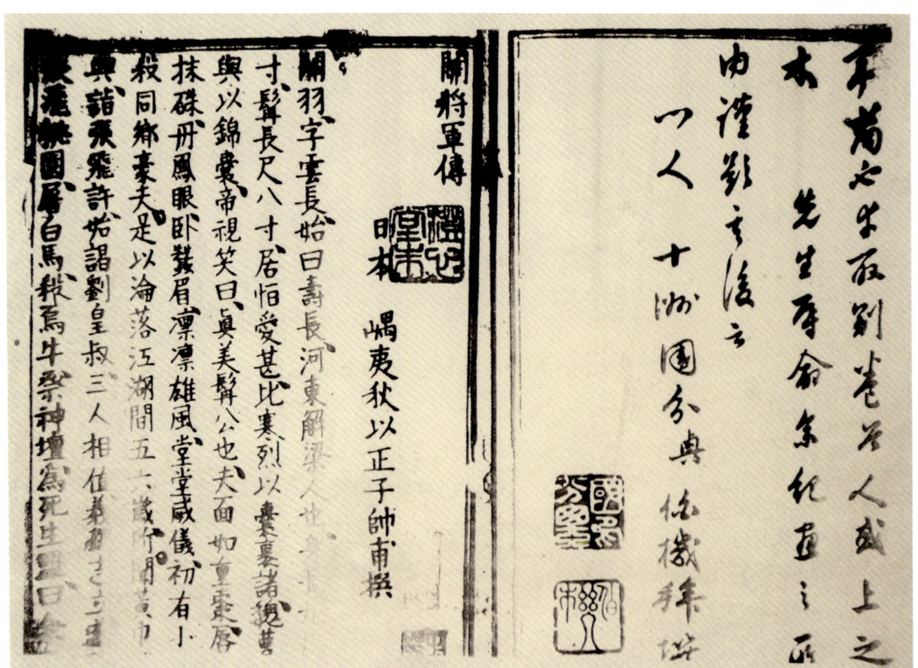

關將軍傳

日本 嵎夷狄以正子帥甫撰

關羽字雲長始曰壽長河東解梁人
寸鬚髯長尺八寸居恒愛甚比寒烈以囊裹諸鬚曹
與以錦囊帝視笑曰真美髯公也夫面如重棗唇
抹硃丹鳳眼臥蠶眉凜凜雄風堂堂威儀初有小
殺同鄉豪夫是以淪落江湖間五六歲所聞黃巾
與諸張飛許始謁劉皇叔三人相住義
張飛桃園屠白馬殺烏牛祭神壇爲死生盟曰

日本横滨关帝庙，坐落于日本主要商港之一和华侨集中地横滨中华街，约在清光绪二十年（公元1894年）前后由侨胞创建，二次世界大战末期被毁，1948年重建。图为该庙大门

日本神戶的關帝廟

在神戶市區的地圖上，很容易找出關帝廟的位置，因爲它被列入神戶的名勝，日本人且將之視爲關西唯一的中國寺。日本境內所謂的中國寺原先並不少，因爲自古以來，中國僧侶就是將中國文化帶到日本的最大傳播者，自然留下不少寺院。

關帝廟位於神戶市生田區接近山邊的一條叫下山手通的靜謐街道上，進了正門，照例是一條石板通道，直通寺廟本堂；二層瓦頂之間有一匾上書「關帝廟」三大字，本來簷下另有「忠義仁勇」、「慕先聖宏範」二匾，現在已不存在了。本堂前面有一銅製的大香爐，上鑄「關帝廟」，這是初建時的舊物。香爐兩旁立着一對石獅，是全寺最好的藝術品，出自卓越的民間石匠之手，上刻「中華會館光緒丁酉年桂秋吉立」，是清光緒二十三年由神戶中華會館遷移過來的。另有焚金紙用的「金亭」及休憩的「清心亭」各一，清心亭柱上掛着木板製對聯：「掃地焚香清福已俱，粗茶淡飯樂天無憂。」亭前一對陶製獅子，製型詭異，我懷疑是琉球人燒製的。

關帝廟住持湯欽明已是七十歲的老人，出生於青島，一九三一年以天臺宗留學生的身份來日，居留至今。關西地區的關帝廟原有三座，其中神戶關帝廟是在一八九二年由大阪的某一黃檗宗小寺遷建，成爲近代在日華僑有廟宇的開始。後來三廟都毀於二次大戰中，只有這一處由湯欽明於一九四七年時重建。除此以外，湯欽明做過不少公益事業，特別是收容了數十個華僑孤兒。

中國民間自宋代開始信仰關帝，流風所及，連窮鄉僻野都有關帝廟，甚至南洋的小島也有，可以說有中國人的地方就有關帝廟。關帝信仰隨時代而愈演愈盛，不但正史中記載有關羽的道義人格，一般演義、戲劇、筆記也常記述他的靈驗及神化故事，到後來連禪宗佛門都傳說他顯靈的事蹟，最後竟被尊成護持佛法的神。古來渡日的中國僧人多帶有關帝畫像，常在日本設步後祠。後來甚至傳說十四世紀中葉時的日本將軍足利尊曾經夢見關公。因此日本的中國寺如京都萬福寺，長崎崇福寺等至今仍在祀奉關帝，而京都大興寺也有過崇祀關帝的記錄。

如果我們拿以上所說赫赫有名的中原寺或台灣廟宇來比神戶關帝廟，也許會讓人失望，因爲它面積小，建築格局和藝術水準也不甚高，但是在異國的日本，現在還見到這麼一座屬於中國人的廟宇，着實是值得重視的。雖然像鑑真、蘭溪道隆、無學祖元、隱元等那樣以寺院爲文化交流的道場，無論在宗敎、文化、藝術上都給日本帶來莫大影響的時代已經過去了，但是對於神戶的華僑來說，這一座小小的關帝廟，仍有其重大意義。

神戶的華僑有一萬多人，大都集中於市區，有的住在靠山邊的高級洋樓住宅區，更有的聚集在有名的南京街。據說南京街在戰前甚爲繁榮，如今却侷於鬧區的後巷，比起四周巍峨漂亮的大建築群，它顯然是沒落了。無論如何，在人人都忙於自己生活的時候，也許這一座小小的關帝廟還能夠維繫住那一點共同的鄉土情感，特別是在清心亭裏有一群嬉戲的華僑子弟。正門入口處擺起的長板凳上坐着、斜躺着聊天或抱孫子的華僑老人，他們操着各地的方言，却也互相地溝通着。每年農曆七月間舉辦的盂蘭盛會的盛況，那不正是我們習見的中國民間廟宇內的景況嗎？

（上图）聚星堂，位于马来西亚首都吉隆坡，主祀关公，也称关帝庙

（下图）怡保关圣帝庙，位于马来西亚怡保市郊，为一座双层楼屋新建筑，供关圣大帝与诸佛祖

墨尔本关帝庙，位于澳大利亚墨尔本市，创建年代不详，建筑风格典雅。图为墨尔本关帝庙大门

關公後裔遍及海内外，關氏宗親會成立於世界各地。一九八四年由美國三藩市“關家公所”及《關氏春秋》族刊聯合倡議發起的“世界關氏宗親懇親大會”，便是一個聯絡世界關氏宗親、崇尚祖德祖訓、弘揚忠義精神、共謀福利、團結奮進的世界性組織與例會。

关公后裔遍及海内外，关氏宗亲会成立于世界各地。1984年由美国三藩市“关家公所”及《关氏春秋》族刊联合倡议发起的“世界关氏宗亲恳亲大会”，便是一个联络世界关氏宗亲、崇尚祖德祖训、弘扬忠义精神、共谋福利、团结奋进的世界性组织与例会

世界关氏宗亲第一届恳亲大会，于1984年10月在香港举行。出席大会的有美国、加拿大、中南美洲、日本、马来西亚、泰国、印度尼西亚、墨西哥及中国的澳门与台湾等二十多个国家和地区的代表

图为1987年10月在香港举行的世界关氏宗亲第二届恳亲大会，参加者有来自美国、马来西亚、泰国、印度尼西亚、加拿大、日本、菲律宾以及中国台湾、福建、广东等国家和地区的关氏宗亲

马来西亚关氏公会于1968年底发起，上世纪70年代初正式成立。图为马来西亚关氏公会“庆祝关圣帝君第1828宝诞暨大马关氏公会成立19周年纪念联欢宴会”活动

美国旧金山关家公所成立于1951年，并于1981年倡办了以联络感情、沟通消息、开展族务、弘扬祖德为主旨的《关氏春秋》双季刊。图为该所奉祀的关圣帝祖神像

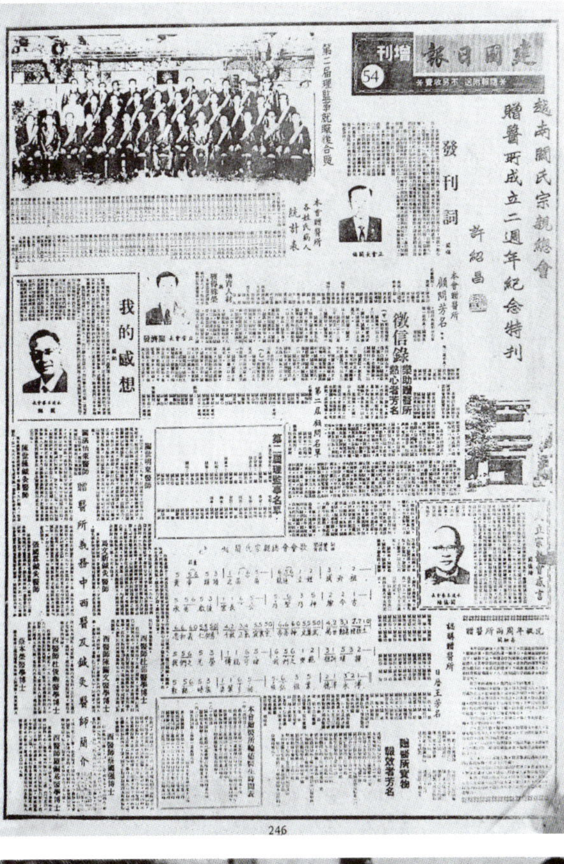

建國日報 增刊 54

越南關氏宗親總會
贈醫所成立二週年紀念特刊

發刊詞 許紹昌

第二屆理監事就職後合照

本會贈醫所各姓氏病人統計表

我的感想

徵信錄 樂助贈醫所熱心者芳名

本會贈醫所顧問芳名

第二屆顧問名單

第二屆理監事名單

贈醫所義務中西醫及鍼灸醫師簡介

贈醫所兩周年概況

贈醫所實物贈送者芳名

246

左图为越南出版发行的《建国日报》，其上刊载了越南关氏宗亲会的活动情况和《关氏宗亲会会歌》

越南关氏宗亲会于1971年成立。下图为该会奉祀先祖关公及刘备、张飞、赵云的祠堂

泰国龙冈关氏宗亲会，1961年11月由德高望重的族长关元年先生（后选任该会会长）倡议并成立。上图为该会会长关元年先生惠赠马来西亚关氏公会关公像，由马来西亚关氏公会会长关光明先生领受

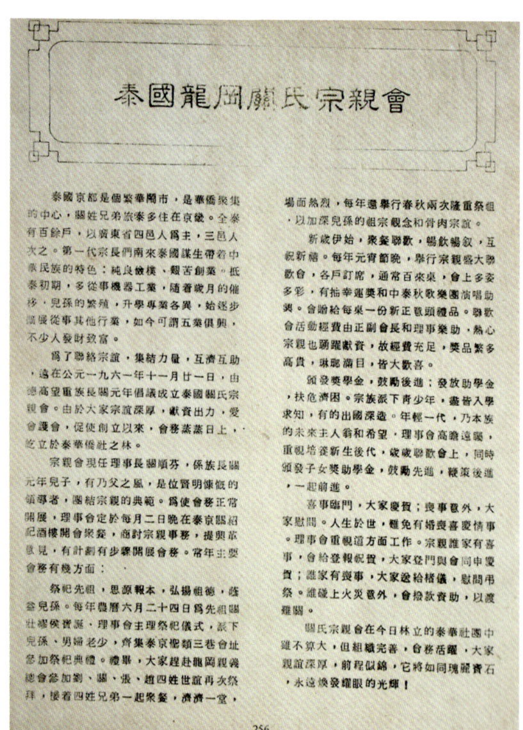

泰國龍岡關氏宗親會

泰國京都是個繁華鬧市，是華僑聚集的中心，關姓兄弟旅泰多住在京畿。全泰有百餘戶，以廣東省四邑人爲主，三邑人次之。第一代宗長們南來泰國謀生帶着中華民族的特色：純良儉樸、艱苦創業。抵泰初期，多從事機器工業，隨着歲月的催移，兒孫的繁殖，升學專業各異，始逐步擴展從事其他行業，如今可謂五業俱興，不少人發財致富。

爲了聯絡宗誼，集結力量，互濟互助，遂在公元一九六一年十一月廿一日，由德高望重族長關元年倡議成立泰國關氏宗親會。由於大家宗誼深厚，獻資出力，愛會護會，促使創立以來，會務蒸蒸日上，屹立於泰華僑社之林。

宗親會現任理事長關順芬，係族長關元年兒子，有乃父之風，是位賢明慷慨的領導者，團結宗親的典範。爲使會務正常開展，理事會定於每月二日晚在泰京關紹紀酒樓開會聚餐，商討宗親事務，提供建議見，有計劃有步驟開展會務。常年主要會務有幾方面：

祭祀先祖，思源報本，弘揚祖德，啓蒙兒孫。每年農曆六月二十四日爲先祖關壯繆侯寶誕，理事會主理祭祀儀式，派下兒孫、男婦老少，齊集泰京們賴三巷會址參加祭祀典禮。禮畢，大家趕赴龍岡親義總會參加劉、關、張、趙四姓世誼再次祭拜，接着四姓兄弟一起聚餐，濟濟一堂，場面熱烈，每年還舉行春秋兩次隆重祭祖，以加深兒孫的祖宗觀念和骨肉宗誼。

新歲伊始，聚餐聯歡，暢飲暢叙，互祝新禧。每年元宵節晚，舉行宗親盛大聯歡會，各戶訂席，通常百來桌，會上多姿多彩，有抽幸運獎和中泰秋歌樂團演唱助興。會贈給每桌一份新正意頭禮品。聯歡會活動經費由正副會長和理事樂助，熱心宗親也踴躍獻資，故經費充足，獎品繁多高貴，琳瑯滿目，皆大歡喜。

頒發獎學金，鼓勵後進；發放助學金，扶危濟困。宗族派下青少年，盡皆入學求知，有的出國深造。年輕一代，乃本族的未來主人翁和希望，理事會高瞻遠矚，重視培養新生後代，歲歲聯歡會上，同時頒發子女獎助學金，鼓勵先進，鞭策後進，一起前進。

喜事臨門，大家慶賀；喪事意外，大家慰問。人生於世，難免有婚喪喜慶情事。理事會重視這方面工作。宗親誰家有喜事，會給登報祝賀，大家登門與會同申慶賀；誰家有喪事，大家送給楮儀，慰問弔祭。維碰上火災意外，會撥款資助，以渡難關。

關氏宗親會在今日林立的泰華社團中雖不算大，但組織完善，會務活躍，大家親誼深厚，前程似錦，它將如同瑰麗寶石，永遠煥發耀眼的光輝！

256

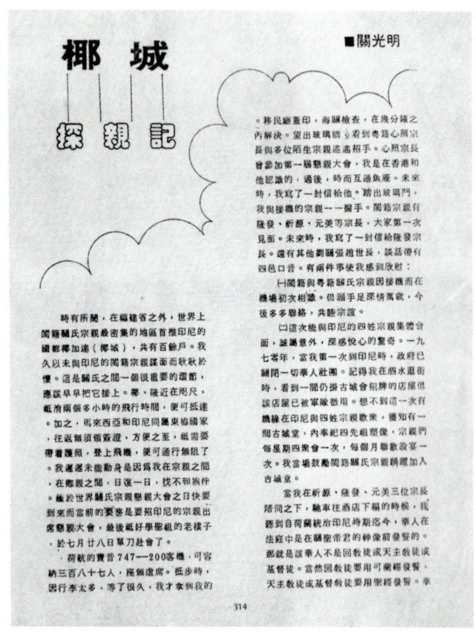

椰城探親記

■關光明

時有所聞，在福建省之外，世界上閩籍關氏宗親最密集的地區首推印尼的國都椰加達（椰城），共有百餘戶。我久以未與印尼的閩籍宗親謀面而耿耿於懷。這是關氏之間一個很重要的環節，應該早早把它接上。椰、隆近在咫尺，祇消兩個多小時的飛行時間，便可抵達。加之，馬來西亞和印尼同屬東協國家，往返無須領簽證，方便之至，祇需要帶着護照，登上飛機，便可通行無阻了。我遲遲未能動身是因爲我在宗親之間，在鄉親之間，日復一日，找不到旅伴。鑑於世界關氏宗親懇親大會之日快要到來而當前的要務是要招印尼的宗親出席懇親大會，最後祗好學聖祖的老樣子，於七月廿八日單刀赴會了。

荷航的寶音747—200客機，可容納三百八十七人，座無虛席。抵步時，因行李太多，等了很久，我才拿到我的。移民廳蓋印，海關檢查，在幾分鐘之內解決。望出玻璃牆，看到粵籍心照宗長與多位陌生宗親遙遙招手。心照宗長曾參加第一屆懇親大會，我是在香港和他認識的，過後，時而互通魚雁。未來時，我寫了一封信給他。踏出玻璃門，我與接機的宗親一一握手。閩籍宗親有隆發、析源、元美等宗長，大家第一次見面。未來時，我寫了一封信給隆發宗長。還有其他劉關張趙世長，談話帶有四邑口音。有兩件事使我感到欣慰：

㈠閩籍與粵籍關氏宗親因接機而在機場初次相識。但願手足深情萬歲，今後多多聯絡，共睦宗誼。

㈡這次能與印尼的四姓宗親集體會面，誠屬意外，深感悅心的驚奇。一九七零年，當我第一次到印尼時，政府已關閉一切華人社團。記得我在酒水巷街時，看到一間仍掛古城會招牌的店屋但該店屋已被軍隊徵用。想不到這一次有機緣在印尼與四姓宗親歡聚，獲知有一間古城堂，內奉祀四先祖塑像，宗親們每星期四聚會一次，每個月聯歡設宴一次。我當場鼓勵閩籍關氏宗親踴躍加入古城堂。

當我在析源、隆發、元美三位宗長陪同之下，驅車往酒店下榻的時候，我聽到自荷蘭統治印尼時期迄今，華人在法庭中是在關聖帝君的神像前發誓的。那就是該華人不是回教徒或天主教徒或基督徒。當然回教徒要用可蘭經發誓，天主教徒或基督教徒要用聖經發誓。華

314

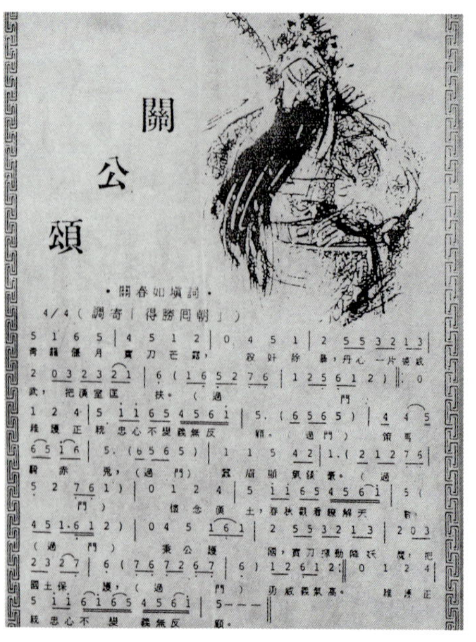

《椰城探亲记》系马来西亚关氏公会会长关光明先生1987年8月访问印度尼西亚时所记，其中记述了关公在印度尼西亚、荷兰被崇祀的情况。《关公颂》调寄《得胜回朝》，由美国关春如先生填词，慷慨激昂，威武雄壮

此件载于英国《不列颠百科全书》，从中可以窥见西方文化视野里的关公形象

西洋人眼中的關公

《不列顛百科全書》載關帝

Kuan Ti, Chinese god of war, also widely known as KUAN KUNG and WU TI, and by his historical name KUAN YU. His immense popularity with the common people rests on the firm belief that Kuan Ti's control over evil spirits is so great that even actors who play his part in dramas share his power over demons. Kuan Ti is not only a natural favourite of soldiers but has been chosen patron of numerous trades and professions. Peddlers of bean curd, for example, take him as their own, for Kuan Yu is said to have supported himself in like manner early in life.

Kuan Ti with (left) his son Kuan-p'ing and (right) his squire Ch'ou-ts'ang, painting on paper; in the Religionskundliche Sammlung der Philipps-Universitat, Marburg, W.Ger.

Foto Marburg

Kuan Yu lived during the chivalrous era of the Three Kingdoms (3rd century AD) and has been romanticized in popular lore, in drama, and especially in the Ming dynasty novel *San Kuo yen-i*, as a sort of Chinese Robin Hood. When a magistrate was about to carry off a young girl, Kuan Yu came to her rescue and killed the man. Fleeing for his life, he came upon a guarded barrier. Suddenly his face changed to a reddish hue and Kuan was able to pass unrecognized.

One of China's best known stories tells how he became one of the Three Brothers of the Peach Orchard. Liu Pei, a maker of straw sandals, intervened in a fight that was brewing between Kuan Yu and a prosperous butcher named Chang Fei. The three became friends and swore oaths of undying loyalty that they faithfully observed until death.

Kuan Yu was captured and executed in AD 219, but his fame continued to grow as rulers conferred successively greater titles upon him. Finally, in 1594, a Ming dynasty emperor canonized him as god of war – protector of China and of all its citizens. Thousands upon thousands of temples were constructed, each bearing the title Wu Miao (Warrior Temple) or Wu Sheng Miao (Sacred Warrior Temple) Many were built at government expense so that prescribed sacrifices could be offered on the 15th day of the second moon and on the 13th day of the fifth moon.

For a time the sword of the public executioner was housed in Kuan Ti's temple. After a criminal was put to death, the magistrate in charge of executions worshipped in the temple, certain that the spirit of the dead man would not dare to enter the temple or even follow the magistrate home.

In art Kuan Ti usually wears a green robe and has a reddish face. Almost always he is accompanied by his squire and his son. Other representations show Kuan Ti holding one of the Confucian classics, the *Tso Chuan*, that he reputedly memorized. This feat of memory led the literati to adopt him as the god of literature, a post he now shares with another deity, Wen Ti.

In the 17th century Kuan Ti's cult spread to Korea, where it was believed he saved the country from invasion by the Japanese.

本刊欣然自「不列顛百科全書」轉載本文，俾讓讀者諸君一窺西方人士對關公的見解。文中比較新鮮的見解，計有七點：

㈠由於關公年輕時靠賣豆腐維生故受豆腐小販奉祀。（？？？）

㈡飾演關公的伶人猶如關公，擁有法力控制魔鬼。

㈢關公是一種劫富濟貧的中國羅賓漢。

㈣公元一五九〇年（明萬曆年間），神宗皇帝欽封關公爲武神，御令全國建立成千上萬的武廟或武聖廟，由朝廷撥款完成之並定農曆二月十五和五月十三隆重祭祀。（編者按：萬曆四十二年十月十一日，司禮監奉皇者冠服、金牌、牌書：「敕封三界伏魔大帝神威遠震天尊關聖帝君」，於正陽門祠，建醮三日，頒知天下。）

㈤處決犯人的刀放在關帝廟，監斬知事必到關帝廟拜祭，以確保死者不會陰魂不散，跟隨知事回府。

㈥由於關公能背誦孔子著作「左傳」全書，故與文昌帝君同列爲文神。

㈦十七世紀，關教傳至高麗，相信關公曾協助高麗抵抗日本的侵略。

E♭ 4/4 關氏宗親總會會歌 關濟燊 詞 黃昌茂 曲

莊重

5 56 5 3 | 1 1 6 5— | 6 56 1 2 | 3 1 2— |
黃帝 顓頊 之苗 裔， 龍逢 立姓 成始 祖，

5 56 5 3 | 1 1 6 5— | 5. 6 3 5 | 2 2 1— |
承先 啟後 雲長 公 乃聖 乃神 燦今 古

6.6 60 5.5 50 | 4.2 3.4 5.5 50 | 6.6 60 5.5 50 | 4.2 3.1 2.7 10 |
忠和義 仁與勇， 千秋 正氣 震寰宇， 帝亦神，文兼武， 萬世 勳名 照故土

5 56 5 3 | 1 1 6 5— | 6 56 1 2 | 31 53 2— |
我們之 光 榮 傳統 可 睹 我們之 典 範 祖訓 堪 譜

5 56 5 3 | 1 1 6 5— | 5.6 3 5 | 21 32 1— ||
敦親 睦族 奕葉 多 祐， 恢弘 祖 業， 德澤 永 溥

关氏宗亲总会会歌

第四部分

藝術大觀

关公生前以忠报国、以义待友、以仁处事、以勇立功的嘉德懿行及其殁后侯而王、王而帝、人而神、神而圣的荣晋褒封，令后世的人们无不肃然起敬。早在隋唐之际，关公的传说故事即在民间流行，并不断被补充、丰富和艺术加工。特别是元末明初，长篇历史小说《三国演义》的问世，使关公的英名更加著称。其思想、其道德广泛而深刻地渗透到社会生活的诸多领域。其故事、其形象亦更加广为传颂于民间，活跃于文学、戏曲、影视、雕刻等多种艺术之中，诚可谓千姿百态，异彩纷呈。

關公生前以忠報國，以義待友，以仁處事，以勇立功的嘉德懿行及其殁後侯而王，王而帝，人而神，神而聖的榮晉褒封，令後世的人們無不肅然起敬。早在隋唐之際關公的傳說故事即在民間流行，並不斷被補充豐富和藝術加工，特别是元末明初長篇歷史小說三國演義的問世使關公的英名更加著稱，其思想其道德廣泛而深刻地滲透到社會生活的諸多領域，其故事、其形象亦更加廣為傳頌於民間，活躍於文學、戲曲、影視、雕刻等多種藝術之中，誠可謂千姿百態、異彩紛呈。

载有关羽轶文故事的主要笔记小说

書名	時代	編撰者	書名	時代	編撰者
容齋隨筆	宋	洪　邁	陔余叢考	清	趙　翼
明道雜志	宋	張　耒	子不語	清	袁　枚
三國志平話	元	無名氏	續子不語	清	袁　枚
三國演義	元末明初	羅貫中	明齋小志	清	諸　聯
讀三國史問答	元末明初	無名氏	浪迹續談	清	梁章鉅
七修續稿	明	郎　瑛	歸田瑣記	清	梁章鉅
少室山房筆叢	明	胡應麟	秋鐙叢話	清	戴延年
涌幢小品	明	朱國禎	海天琴思录	清	林昌彝
在園雜志	清	劉廷璣	茶香室叢鈔	清	俞　樾
江州筆談	清	王　侃	小浮梅閑話	清	俞　樾
柳南隨筆	清	王應奎	詩余叢話	清	楊恩壽
通俗編	清	翟　灝	霞外攟屑	清	平步青
章氏遺書外編	清	章學誠	清稗類鈔	近	徐　珂

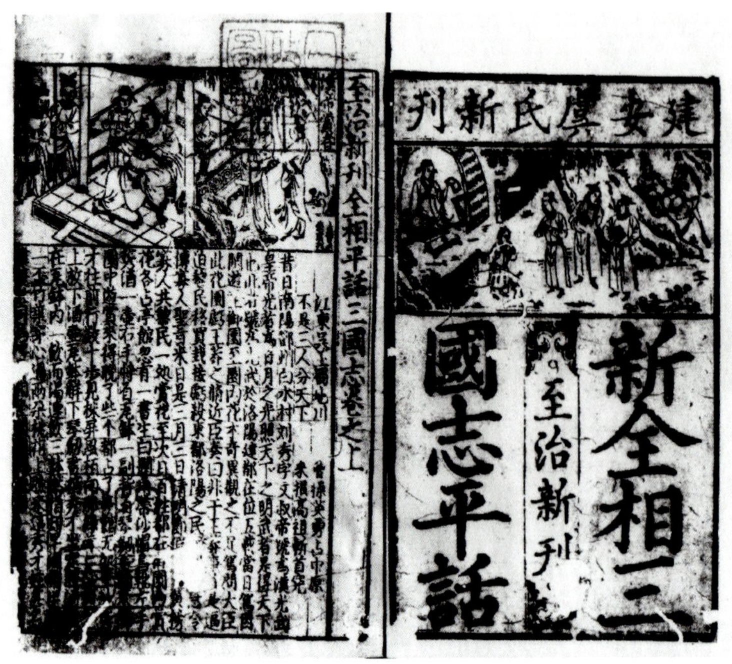

民间艺人讲史话本，元代至治年间（公元1321—1323年）刊行，上图下文，图文并茂，分上、中、下三卷

三国演義
罗贯中 著

三国志通俗演义
中国古典文学名著
(明) 罗贯中 著
沈伯俊 校注
上册

中国古典文学名著
少年版
三国演义

鼎足三分
新选历史演义丛书
DING ZU
SAN FEN
SHANG
HAI
GU
JI
CHU
BAN
SHE
上海古籍出版社

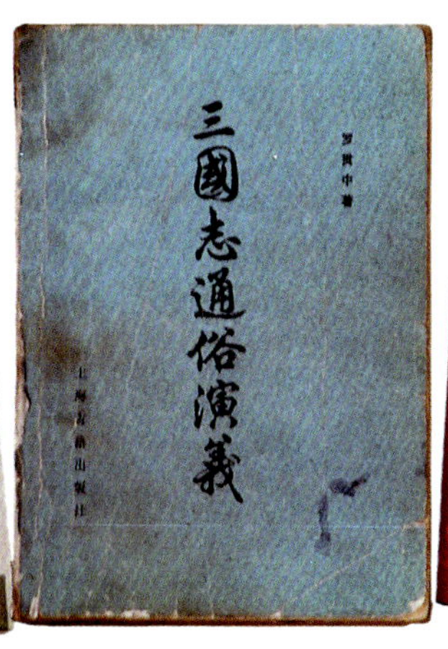
三國志通俗演義
罗贯中著

三国故事
SAN GUO GU SHI
上

三国演义研究
论文集
中华书局

《三国演义》与中国文化
巴蜀书社

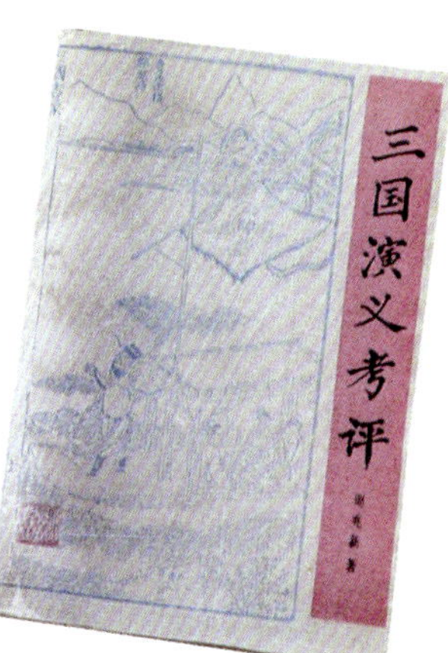
三国演义考评

书影

樂康

義勇行 以下七言古　宋 張 珣

憶昔天下初三分猛將並驅誰逸羣桓桓膽氣萬人敵
臥龍獨許髯將軍威吞曹瞞欲遷許中興當日推元勳
惜我聖帝功不就竟令豺兕還紛紛血食千年廟貌古
歲時歌舞今猶勤君不見天都靈武巢未覆拊髀常思
漢壽君

題顯烈廟　元 周 午

三國鼎峙裂九州羣飛擇木各為謀帝君天挺萬人敵
不事他人祇事劉分雖君臣情骨肉此其漢賊所能移

弔漢關聖帝賦　張爾翼

生之矗矗建大節於鴻絧沒之赫赫綿禋祀於無窮逸
倫絕世惟關聖帝析麟經之大義值漢歷之云終鐘簴
崩折猰貐猙獰帝乃秉德不回擇主而從心明若炬印
返於封卷施之草既拔心而不死朝宗之水雖萬折而
必東剗平禁德屹立樊荊使夫僉壬氣沮姦宄心春操
避鋒而鼠竄權角睞而象恭荽蘄二國頹齡羣兕何其
熠曄燐閃礌犖赳稜者乎君臣義重金石斯堅一忠自
耿九死靡忒中興漢室之志蓋付諸無可如何之天矣
吳宮既沼魏臺已空嵯峨千載惟公之宮鈴颺振塔闠
雨吟松若千羣甲渊萬馬聲訌喧𠈌叱咤號怒奔衝驂
白虎御蒼龍馳太乙走豐隆苟嫉善而腹奸者曾何足
以蟣蠚斧膏鋙鋒爾耶是知不際龍戰鼎沸之秋不足
別帝之桀不有射影噏足之危不能明公之節不嗇其
生而豈其死厄於一時而烜燿於千百世亦烏以識天
道之無私也哉

頌

漢關聖帝頌有序　太常 陳與郊

今天下所共嚴事者吾先師孔子其他以勞定國
以死勤事捍禦災患者不少矣而在天之靈與在

獨許無禽竟懊人　百折肯辭勤血碧宸旒結勝因一
日心盟千古後忠純現出雲霄自在身

沁園春 和丘瓊山題岳廟韻

漢室傾頹帝后傷殘有誰與哀君舉除逆賊必須忠勇
扶持弱主實仗雄才捷奏襄樊威行許雒計日曹瞞獻
首來誰知道遇呂沙暗射㕓木先摧　神州自此難似
奈已去天心不可回歎一時旄鉞星芒隕地千秋教詰
帝號縣牌伏腋攘君朋謀醜正銅雀金陵安在哉重泉
下起羣奸唾面甚計藏埋

滿庭芳　潘化鰲 挽六

氣奮風雲義崇君父大忠無濟頹綱逆丕肇篡宮禁臨
豺狠晉史達天帝魏人心死六代貽殃朝廷上權奸接
踵誰復表孤芳　唐家三百載豪塵犯闕藩鎮鴟張縱
忠魂赫烈猶睃英光直待新安特筆春秋義大統纔彰
千年後心縣赤日不藉史官颺

謁金門

忠一脈綠互湘南湘北生死君臣無間隔劍光凡幾尺
焜燿山龍火日似願爾時顏色大命欲傾留不得中
原誰戮力

千秋歲 題聖蹟圖全誌

忠孝周全古今國士單騎尋龍誰能似春秋家學稟大
義明燭光煇不夜裏天日心浩然氣璘青史　秀毓中
條從此始祖禰世業徵介祉斷蔓荒烟乃神指歷千五
百年來見昭然靈感聖蹟矣帝心安合中外千秋祀

滿江紅 夜觀春秋圖　劉 濤 友山

晉史春秋近千載何人解說兵戈裏開函靜對精義發
越一盞孤燈當案照滿腔浩氣橫空揭最留青漢賊要
分明眦將裂　析商傺刀濺血盾止衮急樸滅究生平
得力春王正月道脉淵源接泗水香煙煇燦垂千葉大
恨事吳狗附阿瞞麟經絕

月缺不改光
剑折不改刚
月缺魄易满
剑折铸复良
势利压山岳
难屈志士肠
男儿自有守
可杀不可量

宋张商英诗咏辞曹事一首 丙子年秋玉潭书

咏辞曹事（书法作品）

尚將知己報曹公何況傾心漢
室宗一體義深真國士三分威
震比英雄千里人間窮赤兔中
宵夢斷失須龍滾滾只今流漢
水無邊遺恨自朝東

明徐渭詩讀三國史關帝傳 勤學書於丙子秋

读三国史关帝传（书法作品）

题圣像（书法作品）

谒帝庙（书法作品）

日本人咏诗一首（书法作品）

“圣神武文”匾（解州关帝庙）

“天下武圣”匾（当阳关陵）

"福国佑民"匾（解州关帝庙）

"神盈宇宙"匾（解州关帝庙）

对联（洛阳关林）
浩然之气塞天地
忠义之行澈古今

对联（解州关帝庙）
圣德服中外大节共山河不变
英名振古今精忠同日月常明

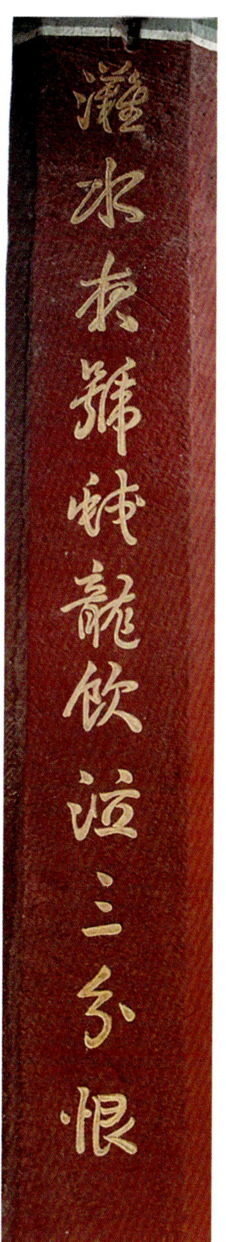

对联（当阳关陵）
滩水夜号蛟龙饮泣三分恨
秋山昼啸草木声诛两贼魂

儒稱聖，釋稱佛，道稱天尊，三教盡皈依，式詹廟貌長新，無人不肅然起敬

丙子年中秋佳節

漢封侯，宋封王，明封大帝，歷朝加尊號，矧是神功卓著，真所謂蕩乎難名

愷非書於河東

对联（书法作品）

天地合其德日月合其明四
時合其序智者勇者聖者與
縱之將聖

歲在丙子年秋月

富貴不能淫貧賤不能移威
武不能屈忠矣清矣仁矣夫
何事于仁

趙玉漢書於河東

对联（木刻）
忠义二字团结了中华儿女
春秋一书代表着民族精神

对联（周口关帝庙）（拓片）
赤面表赤心千里常怀赤帝
青灯观青史一生不愧青天

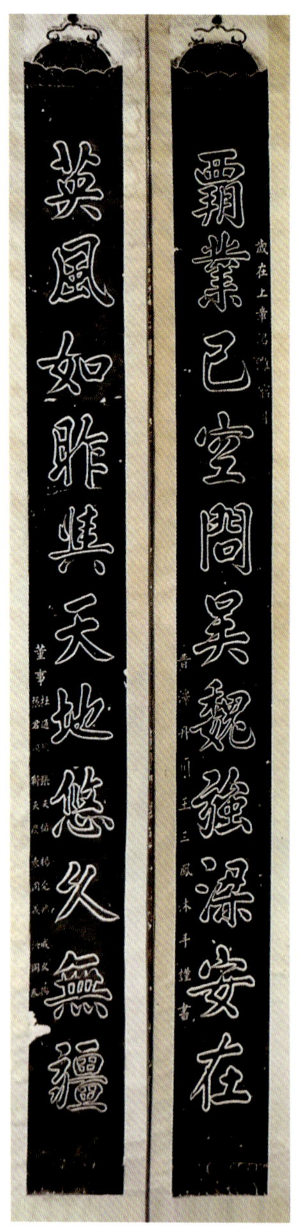

对联（周口关帝庙）（拓片）
霸业已空问吴魏强梁安在
英风如昨与天地悠久无疆

对联（拓片）

赤面秉赤心骑赤兔追风驰驱时无忘赤帝

青灯观青史仗青龙偃月隐微处不愧青天

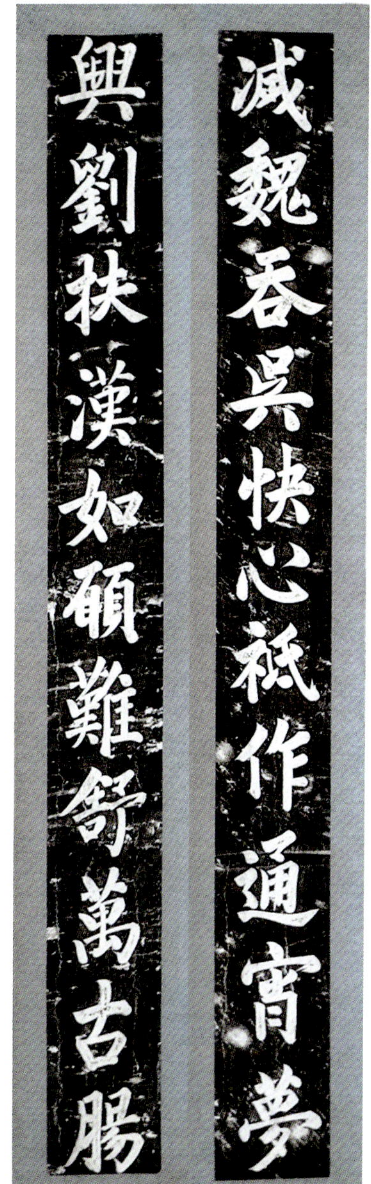

对联（拓片）

灭魏吞吴快心只作通宵梦

兴刘扶汉如愿难舒万古肠

对联（拓片）
千里共征尘步趋涿州古道
一文昭大义心悬汉室明灯

对联（拓片）
地接鸣条虎踞龙盘一脉潜通夏代
神栖故国云蒸霞举千秋永护斯人

劇目		劇種
劇名	別名	
斬熊虎	關公出世	京劇
三結義	桃園結義	雜(元)、京、蒲、漢、徽、豫、桂劇、同州、河北梆子.
溫酒斬華雄	汜水關	京、漢、徽、粤、滇劇、同州、河北梆子.
虎牢關	三戰呂布	雜(元)、京、漢、豫、川劇、同州、湖北梆子.
屯土山	約三事	京、蒲、滇劇、秦腔、同州梆子.
白馬坡	斬顏良	京、豫、徽、滇劇、秦腔、同州梆子.
戰延津	誅文丑	京劇
戰汝南	破汝南	京劇、秦腔.
月下斬貂蟬		雜(元)、京、蒲劇
挑袍	贈馬賜袍	京、蒲、漢、川、豫劇、秦、高、弋、昆腔、同州梆子.
過五關	辭曹斬將	京、蒲、漢、川劇、同州梆子.
卧牛山	收周倉	京、滇劇
古城會	斬蔡陽	雜(元)、京、蒲、川、徽、湘劇、秦、弋、高、昆腔、同州梆子、河北絲弦.
破壁觀書	秉燭達旦	京、蒲劇、秦、弋腔.
白猿教刀		京劇.
三顧茅廬	卧龍岡	京、蒲、川、漢、豫、徽、滇劇、青陽腔、同州、河北梆子.
臨江會		京、川、漢、徽、湘劇、高腔、河北梆子.
華容道	華容擋曹	京、川、豫、漢、粤劇、秦、高、昆腔、同州梆子.
戰長沙	義釋黄忠	京、豫、川、漢、徽、粤、滇劇、同州、河北梆子.
單刀會	臨江亭	雜(元)、京、蒲、川、漢、豫、徽、粤、滇、昆劇、同州、河北梆子.
真假關公	姚斌盜馬	京劇
水淹七軍	威震華夏	京、蒲、川、漢、豫、徽、滇、湘劇、同州梆子.
刮骨療毒	療疾	京、蒲、川劇、同州梆子.
走麥城	白衣渡江 麥城升天 荊州失計	京、蒲、滇、豫劇.
玉泉山	活捉呂蒙 關公顯聖	京、川、滇劇.
關張雙赴西蜀夢		雜劇(元)
關大王三捉紅衣怪		雜劇(元)
破黄巾		雜劇(元)
關雲長千里獨行		雜劇(元)
關雲長提關放水		雜劇(元)
關雲長大破蚩尤		雜劇(元)
關雲長單刀破四寇		雜劇(元)
壽亭侯怒斬關平		雜劇(元)
水淹下邳		蒲劇
出許昌	觀春秋	蒲劇
孔明點將		蒲劇
小春秋	桃園三投軍	秦腔
三請諸葛		秦腔

关公戏的主要剧目和剧种

漫话关公戏

关老爷誉满全国以后，很快占领了戏剧舞台。有关关羽的剧目多达数十种，成为独特的“关公戏”，关公戏作为一种专门行当，有自己独特的唱腔和服装道具。关公戏在清代还有特殊规定。

清代对孔子、关公这两位文武圣人，极为尊重。孔、关二人的名字皆避讳，羽字虽不能严避，但要将笔画少写两笔。“羽”本写作“羽”，原为三撇，后改为两点，即为避讳关羽名字缘故。清末朝廷曾下令禁演关公戏。当时三庆班在北京广德楼（今大栅栏前门小剧场）演《单刀会》等戏，因违禁，官府非要把班主程长庚带走不可。后经很多人说好话，才将别人带走了事。此后，各戏班再不敢演关公戏了。后来禁令稍松，三庆班演全本《三国演义》，又上了关公戏。但通名时仍不许称“关羽”二字，只称“关”字，本人则称“关某”，别人都称“关公”。

据说戏班在宫里给西太后演关公戏时，只要关羽一上场，皇上和慈禧全都离座，假装散步，然后再坐下。《走麦城》是绝对不许演的。

扮演关公的演员，演前一周需要净身，不准有房事，在台后要供关公神位，焚香礼拜，这些规矩是其他戏根本没有的。

关公脸谱、关公戏

电视连续剧《三国演义》剧照

关公戏剧照

关公戏剧照

戲台上的關戲與關刀

管城子

京戲中廿八齣關公戲

京戲這一劇種，一般說來，已有二百多年的歷史，演員的分行，不過是拿生、旦、凈、丑，四大類型來概括。而介於生，凈兩行之間稱爲「紅生」或「紅凈」的關公戲，爲什麼旣稱「凈」又稱「生」呢？原來關羽這人，爲了他和劉備、張飛三人的結義，經過三國演義的渲染流傳，被後人認爲是「義」氣的偶像。歷代帝王，又利用這點，把他封神封王，稱爲「關聖帝君」，是武聖人，作爲籠絡忠臣義士的統治工具。

戲劇又從小說搬上舞台，成了第一流的人物。京劇藝人演三國戲中的關公戲，總數計有：斬熊虎，桃園三結義，溫酒斬華雄，三戰虎牢關，斬車胄，屯土山，秉燭達旦，白馬斬顏良，戰延津，誅文醜，戰汝南，月下斬貂蟬，贈袍賜馬，灞橋挑袍，過五關斬六將，臥牛山收周倉，古城會，白猿教刀，漢津口，臨江會，華容道，戰長沙 單刀會，眞假關公，水淹七軍，刮骨療毒，走麥城，玉泉山，活捉潘璋。

上面二十八齣關公戲，在排場上輕重懸殊，長短不一，有合併演出的，亦有淘汰了不演的，那些不用正角扮演的尙不在內。還有一齣「青石山」，表演關公成神後捉妖事，由關平任主角，亦不算在內。但是，一個喜歡演關公戲的藝人，祇要能把「古城會」，「單刀會」，「水淹七軍」三齣樣板戲學好了，其他各齣就神而化之。演關羽的，其火候須達到文不瘟滯，唱工雄亮，武不莽撞，威嚴肅穆。

戲劇中人物的形象，是根據他的個性和生理特徵來塑造的。關羽是蜀漢五虎上將之首，與劉先主稱兄道弟，地位高、威望重，身高八尺，面如重棗，丹鳳眼，臥蠶眉，是一個極有份量的人物。戲劇界的前輩，就把他塑造成爲一個威武的生角，進而生角凈角都應行，唱唸雖以生角嗓音爲基礎，却稍帶凈角的韻味，於是關公一角旣可稱爲「紅凈」，又不稱爲「紅生」，別創一格。

關公臉譜勾紅臉帶痣

關羽的臉譜，是紅底整臉，兩條臥蠶眉，壓在丹鳳眼之上，眼梢特長，額上有一條冲天紋，這是臉譜上給武將不得善終的暗示。鼻樑中有一蝙蝠形，衍下有一條

646

長紋，傍着鼻竅直掛下去。鼻竅之右，有一大痣表示「破相」，這是現在通常的勾法，亦有爲了演員的面型而稍加改動的。照舊譜，臉上有九粒痣的，太多了，混淆不清，現在已被揚棄不用了。

臉譜上的紅色代表忠義，與曹操的臉譜白色代表奸雄，成了強烈的對照。勾紅臉，通常都是鮮紅的，惟有關羽，則老派用硃砂，但其色太深，與黑色頗易相混。又有用老胭脂棉花浸出的胭脂水滿塗臉上，再用黑墨勾其他部份，全部再用清油加蓋，這個顏色更深更暗而不易洗凈。故此，這種方法已被淘汰，改用銀硃裏加入少許黃色，勾好後，光彩奪目，瀝淸分明，更能顯出關羽的威武氣概。

供關羽神位及避聖諱

在舊時京戲班裏，後台都供奉關羽神位，與「祖師爺老郎神」同受香火，其被尊敬的程度，可想而知。逢到那天有關公戲演出，他的神像前就格外香煙繚繞。扮演關公的戲曲藝人，在表演前十天要齋戒沐浴，獨宿在一個房子裏。扮戲以前，先對「關帝碼」（黃紙上印有關羽的像）焚香叩頭，然後將它放在「盔頭」內，頂在頭上，以示尊敬。

化好粧後，演員要閉目合睛端坐，在後台絕不能與人說笑，出台以後，也要避聖諱，如關公和「來將」通名道姓，不能說：「某乃關羽是也。」而是要說：「俺……漢室關」，或是「關公」、「關某」，難怪民間不敢稱呼關羽的名字，而稱爲「關老爺」。演員演完戲以後，先將「關帝碼」在香上焚化，叩頭，洗完臉後才能和人說話，吃飯拉矢。這些戲外程式，演員一定要遵守的。

「走麥城」這齣戲，在舊社會是不能輕易演出的，因爲這是「老爺升天」，不能不掩飾他的過失。如果演出，則須更加嚴肅，演到關羽夜走麥城，陣亡之前，關平和趙累兩個部將都必須戴甩髮，而關羽仍須戴夫子盔，夏月天氣熱了，改戴蒼甩髮。這也因爲關羽這個形象是關公戲中的「樣板」，也就是典型人物之謂，絕對不能表現出「敗勢」來的。

關公四十八亮像姿勢

演員這樣崇拜關羽，不能完全看作是迷信。這裏面包括對他自己所創造的人物形象的崇敬，不能不用嚴肅的態度來處理。由於這種嚴肅和尊敬的精神，演員怎不把這個形象演得好呢？再說，關公戲的表演中，「亮像」佔很重要的地位，每一種「亮像」姿勢都有一種「雕塑美」，這與民間藝術中的雕塑很有關連，它是吸取了關帝廟所塑造的各種塑像姿勢。

據說：老前輩留下的「關公四十八圖」，就是四十八個「亮像姿勢」，堪稱多彩多姿了。原本是按照關帝廟中歌頌關羽的二十四副對聯，和關羽各種塑像姿勢所創造出來的。廟中每副對聯都是兩句，每一句讚美他的一件事迹，同時也就塑造出有關這件事迹的精神和動作，成爲多面性的典型人物。例如關帝廟有一副對聯道：

「義扶漢室三分鼎，志在春秋一部書。」

表現上聯的姿勢就是：站着，左腳在前，丁字步，雙手抱拳，臉要正，半合眼，臉上一副威嚴而虔敬的神氣，一心一德地爲了扶持漢室，不惜冒險犯難。這個亮像姿勢，說明他忠心扶漢室的大義凛然的氣魄。表現下聯的姿勢是：上身亮子午像——下身站直，上身偏着。左手伸出，背朝下，右手捋，一，四，五指屈合，二三

647

人·神·圣 关公　·369·

上。无论大江南北，还是长城内外，关公戏可谓无处不演。正是因为关公戏在全国各地的广泛演出，关公故事及其道德、精神等，才得以在全国最大范围内普及宣传，深入人心。

关公戏的舞台艺术

中国的戏曲舞台艺术，是一种内容广泛的、具有民族特色的综合性艺术。关公戏因其"乃戏中超然一派，与其他各剧绝然不同"，其舞台艺术除具有中国戏曲舞台艺术这个大范畴的所有特征以外，又有其它各戏所没有的独特之处。

这里择其要者，以京剧为例，依次试作分述。

行当　这是我国传统戏曲演员专业分工的一个类别。宋、元杂剧中有六色行当，为末泥（戏头）、引戏、副净、副末、装孤、装旦，但主要者为副净、副末两色。南戏则有七色，即生、旦、外、贴、净、丑、末。现在一般分为生、旦、净、末、丑五大行当。但各地方戏曲剧种也或有不同。京剧原分末、净、生、旦、丑、外、小、贴、夫、杂十大行当，最后归并为生、旦、净、丑四大行当。由于演员所扮演的具体角色的身分、年龄、性格、扮相以及表演手法上的唱、念、做、打的不同，于每一大行中，又有了比较细微的分工。如生行，就分为老生、小生、武生、老武生、红生等。扮演关公角色的就是其中的"红生"这一行当。这是京剧自清道光年间诞生之后，逐渐形成的以关公为主体的行当。

·370·　戏剧舞台上的关公

京剧早期演关公戏的红生以米喜子最为有名，辛亥革命前后以江南一带的王鸿寿（艺名三麻子）演技见长。

脸谱　传统戏曲中面部化妆的一种程式。是用各种色彩在面部勾画成种种纹样图案。各种人物大都有特定的谱式和色彩，借以突出人物的性格特征，分辨忠奸善恶，表现对人物的褒贬。如剧中凡是刚直不屈、忠心赤胆、铁面无私、见义勇为的人物，均以黑、红两色表示之；凡属心术险诈、为人奸刁、心地狠毒的人物，均以白脸表示之。即古人所说的赤者忠勇，黄者猛烈，白属奸诈，黑主粗直，青多妖邪，金银为神怪之谓也。

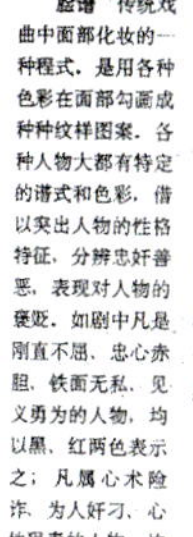

图43　关公脸谱

早在南宋，灌圃耐得翁的《都城纪胜》就比较概括地提到了这个问题，谓：

……公忠者雕以正貌，奸邪者与之丑貌，盖亦寓褒

人·神·圣 关公　·371·

贬于市俗之眼戏也。

关公是正貌，以忠勇见称，脸谱当然是红色。这至少在元代时已成定式。元刊本《博望烧屯》第一折诸葛亮所唱"金盏儿"一曲中，关公即是：

红馥双脸胭脂般赤。

元杂剧《桃园结义》第四折屠户所讲的关公也是红脸，谓：

那个姓刘的便脸白，姓关的便脸红，俺哥哥（指张飞）便脸黑。

但关公的红脸又是发展变化着的。如咸丰、同治年间的京剧名伶于四胜，他演关公只勾眉眼，上场前则痛饮一大碗酒，面色即很快变红，这是一种"醉"红。程长庚受此启发，

于重枣脸、丹凤眼、卧蚕目，研墨和朱，细心揣画，开脸之美，一时无匹。（周剑云《关戏之创作家》）

这是一种"胭脂红"的揉淡红脸。大约到了光绪初年，王鸿寿则将关公的脸谱改成了大红。

髯口　也叫"口面"，传统戏曲中演员扮演角色时所戴的假须。根据剧中人的年龄，分黑、黪（灰白）、白三色，个别性格或容颜怪异的人物则戴红须或紫须。根据角色的不同身分、性格，又分满髯、五绺、三绺等类。勇武将帅大都用

·372·　戏剧舞台上的关公

"满髯"，儒雅文人大都用"三绺"，而"五绺"则是扮演关公这个角色时专用的胡须。

所谓"五绺"，即耳际两绺，嘴上两绺，须下一绺，又专称为"关公髯"。

盔头　传统戏曲中剧中人所戴的各种冠帽的通称。主要有帅盔、草王盔、夫子盔等硬质冠帽，也包括鸭尾巾、员外巾等软质帽巾。按人物身分的不同分别使用。大都着重装饰性，常缀以珠花、绒球、丝绦、雉尾等，与身上穿着的各种服装相协调。

其中的夫子盔，即为剧中古代武将所用。一般者为后部圆形，上小下大，顶上、额前缀绒球，分黑、白二色，另有绿色，缀黄绒球，后有后兜（披风），两耳垂白飘带和黄丝穗，则是为关公这一角色专用的。

服装　戏曲服装是人物身份地位的重要标志。其中帝王将相的传统服装叫"蟒"。蟒的式样为圆领大襟、带水袖，以金银彩线绣成云、龙、花朵、凤凰、水纹等，色分贵贱，男女有别。大抵帝王穿黄色，王爵太子等穿杏黄色，老臣穿古铜色或白色，一般官员（正直人）穿红色或绿色，粗鲁人穿黑色，一般在阅兵、点将、大典时穿蟒。红、绿、黄、白、黑为上五色，帝王、恶霸、强徒皆可穿；粉红、湖色、深蓝、紫、古铜或香色，为下五色，仙客剑侠皆穿此等衣服。

戏曲舞台上的关公即着绿蟒。

道具　中国戏曲把舞台上的道具叫做"砌末"。这些砌末一般都不是真物件，（除丑角一时借以插科打诨外，正面人物、庄重角色绝对不允许用真物件）无论刀、枪、棒、棍，或是鞭、剑、锤、斧等，都是特制的艺术品，而且都有一定的规制，其种类有别，用途各异，形制繁多，如刀类，就有

有关关公的剧目多达数十种，成为独特的"关公戏"，"关公戏"有独特的唱腔和服装道具

清和硕果亲王指绘关公像

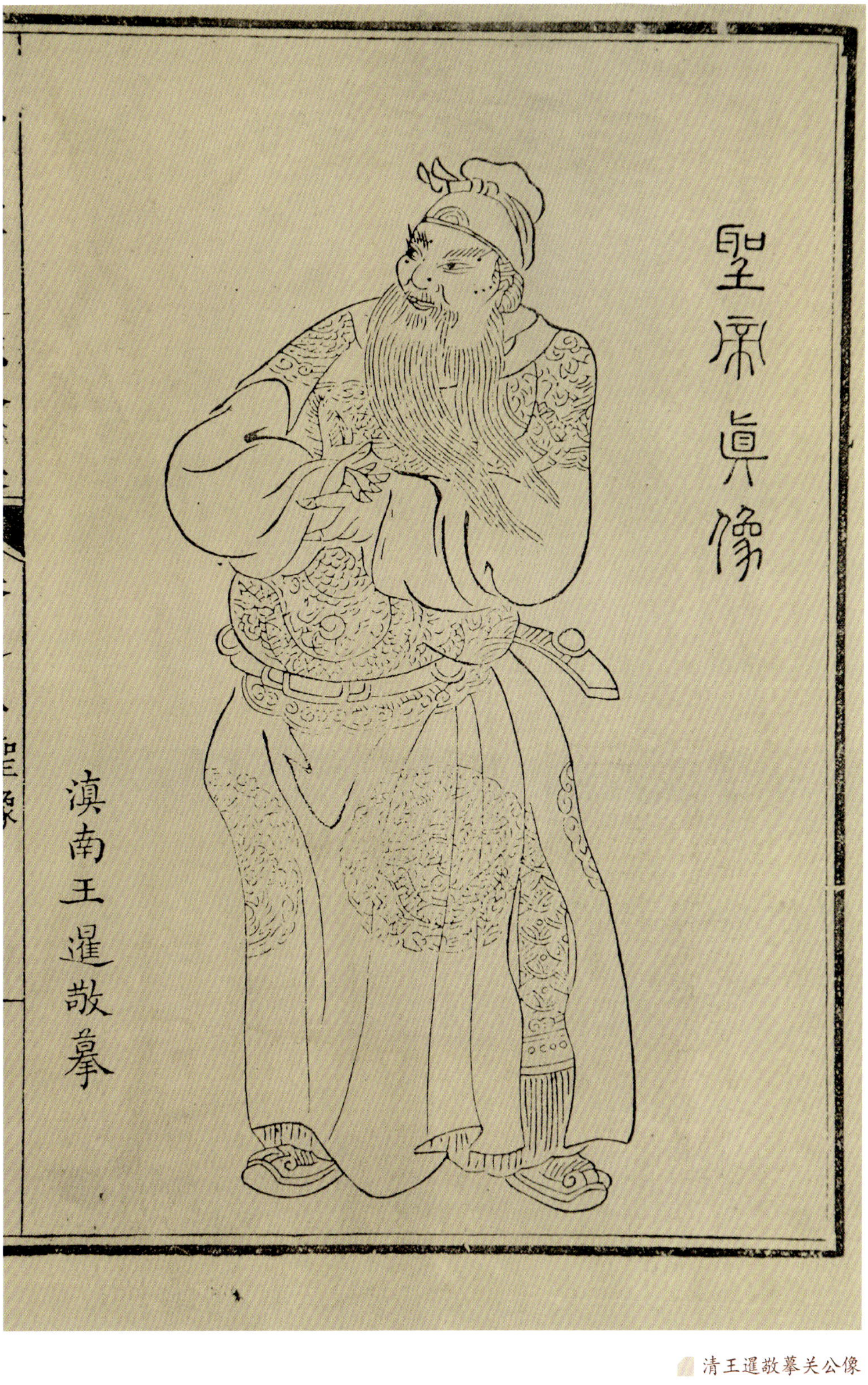

聖帝真像

滇南王暹敬摹

清王暹敬摹关公像

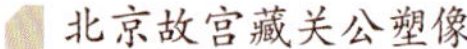
北京故宫藏关公塑像

山西省博物馆藏木雕关公像

民间收藏关公画像

古隆中关公像

古隆中关公像

荆州关公馆塑像

许昌传吴道子画关公像（拓片）

当阳关陵关公像（拓片）

洛阳关林关公像（拓片）

解州关帝庙关公像（拓片）

运城市博物馆收藏关公像（拓片）

“关公故事”剪纸

木版年画

“关公故事”挂历

“关公故事”邮票、信封

一张近百年的关公明信片

徐雁

《三国演义》中的关公，忠义仁勇，被中国老百姓敬若神明，世代立庙供奉。笔者近期收集到一张清末民国初以中国庙里关公为题材的明信片(见图)。

这是一张实寄明信片，一手漂亮而字迹当今难辨的古德语书写体，但能看出是一位德国人于 1913 年 4 月 5 日写于青岛，由德国当时设于青岛的邮局，假道西伯利亚寄往德国的。邮戳为：“中国(C)、胶州(Kiautshou)、青岛(Tsingtau)1913、4、7”，戳盖正反相面，邮票贴于照片面，可惜不知那位仁兄不识宝，揭走了邮票，留下了一小块伤疤。明信片书写面左上方印有制作公司于青岛的地址，右边上方用德法文印有“世界邮政协会明信片”。照片面的关公或许也是德国人拍的。从拍摄环境看，可能摄自青岛附近乡村的一所破旧的关公庙里。洋人不识关公，在照片左上角用德文写上：“中国庙里的神像”，拍摄时间大致 1910 年左右或更早些。照片中的关公栩栩如生，线条刻画细致，应是一尊较大的木刻像。值得珍奇的是绝大多数关公庙里的关公是单像，而这尊关公像前却有一尊小皇帝的偶像，应是刘备的儿子小皇帝“阿斗”。关公头带冲天的长缨头盔，身披獠牙凶猛慑胆的兽头战袍，侧身双手叉腰正座，一片忠心耿耿又威武无双、天下无敌的神态，艺术构思造型之完美新颖，线条雕刻的流畅入微，神态的逼真确切，恐怕现世也不多见。这一艺术珍品，恐怕已难存世，但愿这一明信片能给人们留下一份有用的资料。

这张明信片也许是以关公为题材最早公开发行的明信片，年代悠久，存世尤稀，现刊出，供同好欣赏。

清末民初的关公明信片

清末民初的关公明信片，1913年4月5日一位德国人写于青岛，由“世界邮政协会”发行

泥塑艺术

彩绘《桃园结义》

彩绘《三英战吕布》

木雕《三英战吕布》

砖雕《千里独行》
石雕《刮骨疗毒》

东汉末年，解州恶霸吕熊强占民女，关羽打抱不平，杀死吕熊，为民伸冤

壁画《挑袍》

木雕《水淹七军》

曹操赠关公赤兔马，关公拜谢，曰："此马日行千里，若知兄长所在，一日可见。"

壁画《过关斩将》

[明]商喜《关公擒将图》

关王辞曹图（拓片）

关公故事（拓片）

关公故事（拓片）

解州关帝祖庙“风雨竹”（拓片）

奉节县白帝城“丹青正气图”（拓片）

洛阳市关林“关帝诗竹”（拓片）

山东曲阜孔庙“关圣帝君诗记”（拓片）

聖帝垂訓不一此四句昔人謂包括經史義理
謹勒俾觀者各存好心同受其益
讀好書說好話
行好事作好人
關陵廟宇在當陽章鄉戊辰請修己巳工竣
同治十年辛未當陽縣知縣閩汀鍾傳益敬書

当阳关陵“四好”（拓片）

运城“四好”（拓片）

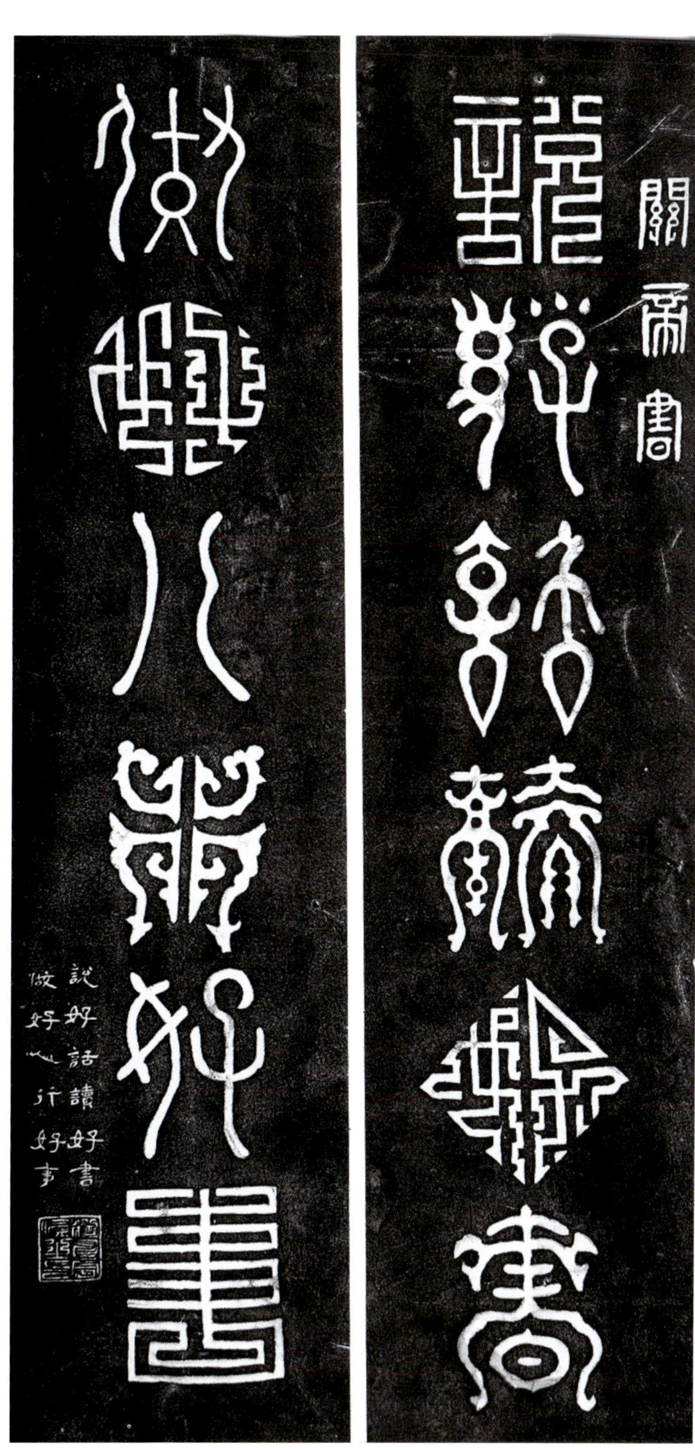

关林“四好”（拓片）

解州关帝祖庙模型（长约10米，宽4米）

24副銮驾模型

关帝像（仿制品）

青龙偃月刀（仿制品，高约3.5米，重108公斤）

附录一：关公文化展在各地展出盛况

一　1992年关公文化展在河东博物馆展出相关活动照片

關公文化大展

二　1995年关公文化展在山西太原展出相关活动照片

运城至金井的公路是运城市的一条主干，全长17公里，其中龙居镇占11公里。今三项建设开始后，龙居镇党委、政府把这线路的拓宽和升级（三级升二级）作为重工程来抓。在党员干部的带动下，全乡上

马劳力2万余人，拆迁房屋150……路基基本完成

图为王马……

关公文化展 九州展风采

本报讯 由地区河东博物馆精心组办，以传承中华民族优良传统和优秀文化，增强海内外华夏儿女向心力和凝聚力，服务当地文化经济建设为主旨的大型专题陈列《关公文化展》，继1997年在宝岛台湾亮相并产生轰动效应之后，一年来正在国内走红。目前，已有许多省市连连发出联展邀请。

该展览分“文武神圣”、“武庙之冠”、“纪念盛况”、“艺术大观”四个部分，内容广博，蕴涵丰富，设计典雅，形式古朴，富有民族特色及史料性、艺术性、知识性、趣味性和观赏性。目前，此展正在河南许昌隆重展出，结束后将赴甘肃嘉峪关和福建等地再展风采。

（周晓萱）

2月2日·星期二

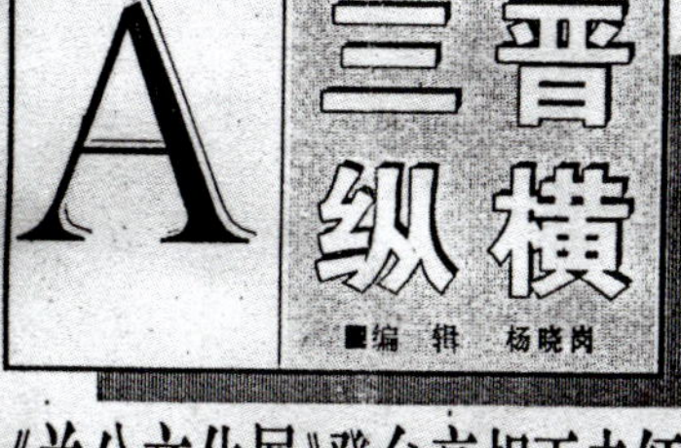

《关公文化展》登台亮相正走红

【本报专讯】 由运城地区河东博物馆精心组办，以传承中华民族优良传统和优秀文化，增强海内外华夏儿女向心力和凝聚力，服务当地文化经济建设为主旨的大型专题陈列《关公文化展》继1997年在宝岛台湾亮相并产生轰动效益之后，近来正在国内走红。目前，已有许多省市纷纷发出联展邀请。

该展览分“文武神圣”、“武庙之冠”、“纪念盛况”、“艺术大观”四个部分，全面、集中地展现了关公由人而神、由神而圣的历史进程和纷繁而独特的关公文化现象，客观、真实地反映出关公精神在中华民族中的地位和作用。

目前，此展正在河南许昌隆重展出，结束后将赴甘肃嘉峪关和福建等地再展风采。 （周晓萱）

关公文化展在并开幕

本报讯 5月18日上午，关公文化展在省博物馆二部隆重开幕。展厅里人流不断，人们竞相目睹关公何以数世盛传不衰。

关公其人其事，千百年来一直传颂于民间，活跃在文学艺术作品中，以至形成一种独特而罕见的精神文化现象。为继承传统文化，振奋民族精神，运城地区河东博物馆组织专人沿着关公当年驰骋转战的主要路线，进行考察，精心选采，最终成就了这一大型专题陈列《关公文化展》。

该展共分三大部分，即生平事迹、纪念胜地（包括海内外著名关帝陵庙、胜迹等）、文化艺术（包括小说、笔记、评话、论文论著、赞颂诗文、楹联匾额、戏剧电影、宗教信仰、各种关公遗像及其有关艺术品），较为全面、系统、集中地展现了关公及关公文化的独特风采与内涵。 （姚姬娥　李宝峰）

三　1997年关公文化展在北京举行新闻发布会相关照片

荆璧贺“关公文化展新闻发布会”在京召开

四　1997年关公文化展在台湾展出相关活动照片

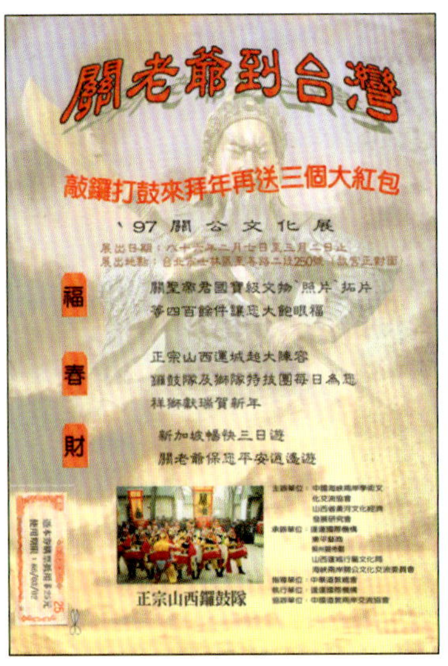

'97台北關公文化展（存根聯）

摸彩聯

姓名＿＿＿＿ 性別＿＿＿＿

身分證字號＿＿＿＿ 年齡＿＿＿＿

電話（O）＿＿＿＿ （H）＿＿＿＿

地址＿＿＿＿

逢運國際開發股份有限公司

TEL:(02)761-3999 FAX:761-0178

003716　003716

'97台北關公文化展

003716

一、凡參觀'97台北關公文化展，即贈送三天兩夜旅遊招待券（即票根）並可參加抽獎活動。

二、中獎人員可將此獎項轉送親友出國（頭獎除外）。不得兌換現金及任何有價交換。

三、本旅行團人數未滿15人時，於出團前五日告知延期時，參加客人不得異議，並無賠償金。（旺季時價位另議）。

四、旅行社若代辦證照，能否如期批准，恕不負任何責任。（辦理照請提前14天辦理）

五、有關旅遊事宜，請洽詢証泰旅行社，台北市民生東路一段25號3樓之15

專案業務聯絡人／陳聰敏 TEL：(02)563-5770

姓名＿＿＿＿ 性別＿＿＿ 身分證字號＿＿＿＿

電話（O）＿＿＿＿ （H）＿＿＿＿

地址＿＿＿＿

關

關

文武聖殿

五　1998年关公文化展在解州关帝庙展出相关活动照片

世威名耀史册

六　1999年关公文化展在山西原平展出相关活动照片

附录二：随关公到台湾

· 杨明珠

公元1997年春，应台湾海峡两岸学术文化交流协会一再邀请，经中华人民共和国文化部立项、国务院对台办批准，由我们山西省运城地区河东博物馆主办的大型专题陈列“关公文化展”赴台展出交流3个月有余。作为展览的发起者、策划者和参与者，我也托关公之“福”，有幸随“关公”登上宝岛，先后辗转“风光”百余天。此事虽已时过境迁，历时经年，但在台展出交流前后的情景，尚不时勾起，萦回脑际，令人记忆犹新……

一、顺时应势始诞生

提起“关公文化展”我们不能不从它的诞生说起。

那是1992年6月，当我们运城地区一年一度的“关公庙会”渐渐逼近时日之际，如何更好地发挥博物馆的文化功能与社会作用，切实为运城地区文化经济建设服务，成为摆在我们面前的一大课题。经过认真地分析和研究，我们遂顺时应势，郑重地向运城行署文化局、运城行署“关公庙会领导组”逐级提出了举办“关公文化展”的建议，迅即得到首肯。

为确保陈列如期展出，从6月26日始，我们即冒着炎炎盛夏与滚烫的酷暑，肩负着组织上的重托与期待，首先兵分两路，沿着关公当年驰骋转战的主要路线，起山西，赴河北，跨河南，至湖北，转湖南，下四川，搜集史料，广求碑拓，探访史迹，摄取照片；尔后编写陈列大纲，广泛征求意见；继之设计、制作、加工、完善。先后历时3个月，苦干百余天，终于在当年金秋10月“关公庙会”期间，让展览与河东父老见面。其效果口碑极佳，反响斐然。程思远先生看后连连赞云，看“关公展”，比吃咱运城的羊肉泡馍还有味，还解馋！

为了扩大“关展”的影响，进而提高运城的知名度，1995年5月，我们在山西省博物馆的支持合作下，首次将“关公文化展”推出河东，在省城太原亮相。当时，省人大阎武宏副主任，省政府副秘书长智玉莲以及省文物局、省外办、省侨联等有关单位和省城几大新闻媒体的记者近百人参加了开幕式。山西日报、山西电视台、太原经济广播电视台相继采访、刊播了展出信息，好评迭起。

从此，“关公文化展”声名四播，载誉三晋，也引起外界的注意。

二、历尽曲折终成行

随着展览的声誉鹊起，给我们带来了意想不到的社会效益，也给我们带来了令人惊喜的佳讯。

1995年金秋时节的一天，我接到山西省黄河文化经济发展研究会秘书长薛麦喜先生（原任省群众艺术馆馆长）一个电话，说是有位台湾姓陈名东屏的先生有意谈谈展览去台展出事宜。我欣然应允。

8月25日，我与原运城行署文化局崔浩局长、地区对台办李新潮等，在运城宾馆迎来了台湾客人，薛麦喜先生与山西省对台办宣传科李玉堂科长同车作陪。经过几天时间的磋商，于27日晚与陈东屏先生草签了《关公文化展赴台展出意向书》，达成初步协议。

28日上午，我们送走陈先生一行，便根据展出意向，结合我们的打算，对展览进行新的整体构思：即重新考虑展览的内容及形式，在全面、系统展示关公以及围绕关公而形成的丰富多彩的关公文化之同时，力求平面与立体结合，重点突出河东的关公文化资源优势，不仅以高档次、高品位的精品赢得观众，而且让世人更多更好地了解河东，认识河东，为运城的文化经济建设发挥自己独特的功能和作用。

经过月余时间的意向书修订和先期准备，从1995年10月起，展览大纲修改、解州关帝庙模型和牌坊制作、关公像雕塑及彩绘、版面加工、文字说明等一系列具体工作全面铺开。历经无数次的反复琢磨和长达5个多月的加班加点，苦干巧干，迄1996年2月初展览筹备结束，农历正月初一在地区河东博物馆正式对外预展，以广泛征求各界人士的意见。在此基础上，又经近达一年时间的修改、加工和提高，顺利地通过省、地有关部门及台方的验收。

期间，由于台方在协议的签订和实施过程中反复不定，明显地影响到展览的制作进程，增加了我们的工作难度。但在省委、省政府、运城地委和行署各级领导的大力支持下，经长达一年曲折而艰难的谈判，据理力争，先后磨砺了两年有余的赴台“关公文化展”，最终还是敲定而成行。

三、奔波万里赴宝岛

1997年元月13日，“关公文化展”大小300余件（组）展品全部封箱、启运，先期由北京转新加坡发往台北。

元月29日下午3时，我和本馆尚勤学、杨晋平三人一同乘车前往太原，与省黄河文化经济发展研究会薛麦喜先生会合。次日，连夜乘车至北京。

31日早6时，当北京街头还是繁星闪烁时，我们一行几人即赶往北京国际机场。7时50分乘CA101北京—香港航班，于午11时10分左右，便如梦般地降落在香港著名的启德国际机场。这是我平生第一次踏上早已心向往之的国际大都市——香港。但来不及光顾一下她的倩影，我们便赶快办理出境手续，与事先约定的香港飞达旅行社的彭先生联系上，乘上大巴，梭行于高楼耸立的市井之中，穿越过著名的香港海底隧道，辗转到中华旅行社约等待2个小时，办完入台签证手续。之后，在彭先生的安排下，我们略进小餐，便又匆匆返往机场。约下午6时40分左右，我们转乘国泰CX402航班，到当晚8时前后，飞机终于降落在灯火璀璨的宝岛——台湾的桃园国际机场。

台湾，这确实是一个令人十分熟悉但又极度陌生的地方。大约从少年时代起，我即知道在祖国的大家庭中，有个美丽、富饶的宝岛叫台湾。在那里，祖祖辈辈、世世代代生息着和我们同种同源、血肉一体的同胞兄弟和姐妹。但是，由于历史的原因，致使海峡两岸阻隔40余年，骨肉离分……两岸开放，无疑为天各一方的华夏儿女、炎黄子孙带来了莫大的福祉和实惠。作为一名文博工作者，我能有幸肩负着各级领导的重托和河东人民的厚望，踏上这片令无数人向往探访但又并非人人都能到达的美丽而神秘的土地，并将在此参与展出和交流，确实由衷感到无比惬意和欣慰。

下了飞机，我们急切切按程序办完入境手续，便步出候机大厅，随即与等候已久的陈东屏先生一起乘车，沿着坦荡如砥的高速公路，飞快驶往目的地——台北。

台北市，地处台北盆地中央，四周与台北县接壤，是台湾的政治、经济、文化中心，台湾第一大城市，也是国际知名的大都市。全市面积（包括郊区）共272平方公里。全市划为16个区，人口200多万，约占全岛人口的八分之一。据说，这里原是一片沼泽密林，郑成功驱逐荷兰殖民者，收复台湾后，大力实行“寓兵于农”的政策，派兵到此开垦。清康熙四十七年（公元1708年）福建移民来此定居建庄，15年后出现了市街。光绪元年（公元1875年），钦差大臣沈葆桢在此首立台北府，统管台湾行政，始有“台北”之称。此后，无论是日占时期，还是日本投降后，以至迄今，台湾的最高行政机构均设在这里。1967年7月台北市改划成为与台湾省平行的直辖市。

行至台北市区，借着万家亮丽的灯火，耳听陈先生的概略介绍，我也凭着视觉和知觉，初识台北，从第一印象中感到了这座城市的繁华和壮丽：道路整洁，交通便利；车辆如梭，华美新奇；广厦竞耸，高楼林立；市井繁荣，商店丛集；灯火辉煌，景色迷人，呈现出一派现代大都市的气息。但在这座现代化的城市中，也无处不透露出浓郁的中华民族传统文化的风情与氛围，大街小巷，朴茂的传统书体触目即是，明丽的灯箱招牌一望无际，仿佛置身于中国的旧上海，令人好奇，令人陶醉。同时，庙宇忽见，神明遍地，凡是旧时民间供奉的各种神祇在这座城市中到处都可觅见……台北，乃至台湾，的确可谓是一片民族文化与现代文明相融会的神奇之地。

四、不辞辛劳效使命

到达宿地，吃了晚饭，已是午夜时分，我们来不及下榻，遂先到展出地点了解、熟悉场地，以便布展心中有底。

这是一座临时租用的三层小楼，名为玉山庄，位于台北市士林区至善路二段，与著名的台北故宫博物院正对面。乘着四周辉煌的灯火与亮色，前后不远处，葱茏高耸的青山隐约可见，时而还仿佛听到双溪清流潺潺。

次日早餐后，我们遂进入场地检点展品并着手布展，至2月4日全部就绪。期间，国家文化部张理萌、李延煊，省文化厅郭力，省台办乔映明（展出团团长）、李玉堂及运城市委张来发率领的东郭镇关公锣鼓表演队共40余人也同机抵达。

2月4日下午，由台方主办单位逢运国际发展股份有限公司精心组织，台湾道教方面名士主持，完全依照宗教仪式，举行了既传统又繁缛，且颇具声势的“关圣帝君安座大典”和预展，阵容庞大的关公锣鼓队同时也在故宫前广场上首次做了精彩的表演。临街上下，大大小小的“关”字旗帜满插遍布，风吹猎猎。“′97台北关公文化展”、“关老爷到台湾，敲锣打鼓来拜年”大彩标、小传单幅幅耀眼，张张夺目。展地内外，锣鼓喧天，丝竹声声。观者云集，听者潮涌。台湾中华电视台、无线卫星电视台、民生报等多家新闻媒体也纷纷派出记者对大典和展览进行了采访报道。

在连续数日奔波、紧张的布展劳作之后，我们稍稍休整了两日，并抽暇游赏了台北著名的旅游胜地——阳明山公园。

阳明山，又名草山，因盛产茅草而得名，位于台北市北郊，纱帽山以东，七星山以南，海拔400余米，距离台北市16公里。这里群山四合，风光明媚，一年四季风晴雨雾，气象万千，是台湾北部的游览中心，也是著名的避暑胜地之一。位于山上的阳明山公园，背负七星山，左右山峰环抱，青山翠谷，绿草如茵，是台湾规模最大、景色最美的公园。每年的2月下旬至4月初是阳明山的花季。届时，樱花、杜鹃齐放，姹紫嫣红，花团似锦。还有茶花、桃、李、杏等，花影摇曳，楚楚动人。在蓝天白云下，把阳明山打扮得更为迷人。每年花季，游人如织，盘桓其间赏花者多达200万之众。

天公真不作美，当我们从雪封冰冻的北方来到这满眼葱绿的台北，当夜即偷偷地下起了细雨。虽然我们比家里的人们早早领受了春的沐浴，但连日的阴雨，不免给人心理上造成一种说不出的压抑感，好在我们出游时已是风停雨歇。岂知，当我们乘车行至山巅之际，老天又变故态。顿时，雨如银丝，山雾四起，让人分辨不清哪里是沟壑，何处

是天地，坐在车内就像置身于一个混沌的世界里。及至下到半山，天空又云开雾散。阳明山也宛如一位含羞的少女，揭开了神秘的面纱，终于露出了她那娇美的容颜。

2月6日，转眼已是农历1996年腊月月尽，在台方的安排下，我们这些远在异乡的游子们在一家名为康华的大饭店里，与台湾的朋友们一起共进晚餐，互致祝福。之后返回宿地，载歌载舞欢度除夕，并以饱满的激情和信心，等待、迎接着明日——1997年新春——展览开幕的降临。

五、台北首展传佳声

1997年农历大年初一这天，在氤氲着一片新春佳节祥和喜庆的气氛中，“关公文化展”在台北首次正式与台湾同胞见面。

毫不夸饰地讲，我们这个展览无论是规模、内容和形式，还是文化底蕴，都是比较上档次，上品位的。它集我们长达5年之心血，历无数次修改、加工而始成，从“文武神圣”、“武庙之冠”、“纪念盛况”、“艺术大观”四个方面，采用300余件（组）古今中外有关关公的珍贵实物、拓片、图片、文献及艺术品，尤其是以解州关帝祖庙模型（长约10米、宽4米）、木雕关像（高约1.75米）、青龙偃月刀（高约3.5米、重108公斤）、春秋楼前的“气肃千秋”木牌坊模型（高宽均约5米）、常平关帝祖祠关羽帝王坐像（高约1.8米）、神龛以及24副銮驾等立体实物为主体的仿制精品，集中、全面、科学、艺术地展现了关公由人—神—圣的衍化进程、海内外崇拜盛况和纷繁而独特的关公文化现象，揭示了关公精神在中华文化中的作用和地位。不仅规模壮观，气势宏伟，而且内容广博，蕴涵丰富，设计典雅，形式古朴，富有民族特色，极具史料性、知识性、趣味性、艺术性和观赏性。因此，当我们的展览一亮相，便引起台湾民众的关注，受到各界各阶层人士的欢迎和好评。尽管门票价格高达250元台币（相当于人民币80余元），但参观者、膜拜者仍蜂拥而入，而且人数逐日递增。台湾几家公私电视台、报刊均相继作出报道。《时报周刊》不仅刊登了有关展览的巨幅彩页，而且以“关老爷到台湾，故宫门前舞大刀”为题作了详细有趣的报道。台湾一些知名人士如前“警察署长”、山东籍的卢毓钧先生等都多次到展出场地参观、膜拜，并一再表示说，很高兴见到大陆来的朋友，咱们中国人都拥有一个共同的文化血脉，也正是这一血脉，维系着整个中华民族。你们千里迢迢来台湾进行关公文化展览、交流，尽管我工作很忙，但宁可推掉一切事情，也要参观展览，并尽力为“关公文化展”服务。

“关公文化展”在台展出的消息，更是惊动了山西同乡会特别是运城籍的在台“老兵们”（其中年龄最长者八九十岁，最小的也近七十高龄）。因为他们做梦也想不到能在台湾见到乡亲，更想不到能在这里看到来自家乡的“关公文化展”。所以，当他们获悉这一喜讯，便不顾年迈，个个像孩童似的喜笑颜开，奔走相告，多次来到展出场地为我们呐喊助阵，并提出许许多多办展的良策与合理建议。同时，问寒问暖，给予无微不至的关心。如运城籍的关心全、尚宏毅、张其祥、卫禹、樊耀中，永济籍的罗强智、李广华，夏县籍的刘大卫、范廷玉诸先生，还有许多记不得名字的。2月17日晚，在他们的倡议、组织、自捐下，山西同乡会还借台北一饭店，专门为我们全体团员隆重地举行了一次欢迎招待会。大厅内，自始至终洋溢着一片乡情与亲情，回荡着一片乡语乡音。其情其景，十分令人感动。

随着展出的进行，我们的展览也更显名声。

2月中旬，应台北最大的关帝庙行天宫和地处闹市的著名寺庙龙山寺邀请，我们随展的解州关帝庙木雕关公，乘坐着一辆富丽堂皇的特制大轿车，由“青龙偃月刀”开道，雄赳赳、气昂昂的关公锣鼓队助威，侍从者近百人“护卫”，前后共10余辆大车小车，浩浩荡荡首次在台北“出巡”。

行天宫位于台北市民权东路二段，兴建于1964年，1967年农历12月落成。行天宫除台北本宫外，尚有北投、三峡两个分宫。三宫形制相似，规模宏敞，建筑巍峨，装饰美观。其中又各有千秋：北投的宁静，三峡的宏伟，台北的庄严。其奉祀的主神为“关圣帝君”，人们尊称“恩主公”，因此行天宫亦称“恩主公庙”。该宫旨在宗教界树立清新、独特的形象，以宗教、医疗、教育、文化、慈善为五大志业，服务于社会，宣道教化。拥有数百万信徒，香火十分鼎盛。

龙山寺则在台北市西南广州路，创建于清乾隆三年（公元1738年），历时3年始竣。其地原名“艋舺”（今万华），为台北市区的发轫点。该寺因与台北市早期移民关系至深，向被视为福建泉州龙山寺的分支和祖籍的标志，迄今香火也格外炽盛。寺中所供神像很多，主神为观音佛祖，亦称安海观音（即旧时泉州晋江县安海乡龙山寺所供）。每年农历二月十九日神诞，有盛大祭典。原建筑于清嘉庆、同治年间先后被地震和风雨破坏，现存建筑为1920—1926年改建，1953—1965年扩建。正门石阶两侧保存的二铜柱为早期遗物，视为重要的艺术品。

这一宫一寺平日本来就名闻台北，香客如云，加之又适逢大年新春，他们心仪已久的大陆“关公”也将“驾临”，所以庙内庙外，张灯结彩，五光十色，装扮得格外诱人。那些衣冠楚楚的仕民，穿着牛仔裤和超短裙的人们，以及虔诚有加的老先生、老太太们，纷至沓来，以求大吉大利，到处呈现出一派年节喜庆和寺庙特有的氛围。我们的“神轿”每到一地，立刻便被围个水泄不通，关公信徒们及其崇拜者纷纷或拈香遥拜，或恭揖祈祷。关公像前香火浓盛，拜者如潮。接着，我们的随团锣鼓队也分别在两座庙前和“国父纪念馆”（即孙中山纪念馆）广场作了巡回宣传表演，吸引了不少观者。这样，“关公文化展”在台首展的喜讯，也为越来越多的台湾民众所知晓。

此后，为了扩大宣传，根据台湾民众的信仰和习惯，台方主办单位还分别与几个道教组织在展地联合举办了颇具声势的“祈安大法会”，把展出活动不断地向更大更广的范围推进。关公及“关公文化展”的消息，不仅时常出现在台北的各大报刊上，而且成为台湾的三大官办电视台（华视、中视、台视）以及当地最大最著名的一家民营电视台（即TVBS台）争相追踪的焦点新闻，也为很长一段时间内岛内各界人士竞相谈论的热门话题。

但实事求是地讲，从2月7日开展到3月12日结束，在台北前后月余时间的首展可以说是喜忧参半。因为自开展以来连续近月的阴雨搅扰，明显给更多的民众参观带来不便，尤其是由于台方起初对展览了解不够，导致策划、运作的偏颇乃至失误，以致展出时起时落，虽然隆重而热闹，但却未能像预想的那样，产生更大的轰动效应。不过，随着展事的进行，他们又经过几次像“出巡”、“祈安”等既符合台湾民众崇拜心理又收到良好效果的实践与探索，加之各大新闻媒体的宣传，也为此后在中南部的巡展奠定了较好的基础。

六、宜兰出行享盛名

阳春三月，草长莺飞，百花吐艳。

经过两天时间的稍事休整，在台方认真分析了台北首展的得失，研究制定了一套切实可行的巡展方案，我们又根据展出地的实际情况，把全部展品重新组合之后，决定将部分展品转向台北最繁华区和最大夜市——士林区中心继续展出，另一部分展品南下巡展。

3月15日下午，我们结队开往巡展的第一站——宜兰县。

宜兰旧称噶玛兰，又称兰阳，位于台湾岛的东北部，属中央山脉北端终止地带。山地面积占全县面积的三分之二，中间为宜兰（又名兰阳）平原，三面环山，一面濒太平洋。气候温和，雨量充沛，故有“兰雨”之雅号。又因土地肥沃，素有“兰阳米仓”之称。全县面积约2137平方公里有余，以瀑布、温泉闻名全省。县辖1市即宜兰市，及罗东等3个镇和8个乡，是台湾重要的县级行政区之一。我们此行的目的地，一是罗东镇，一是宜兰市。

我们首先来到罗东镇奉祀“关圣帝君”的昭灵宫作短暂小憩。之后，“关公”及大刀由锣鼓队陪同被送往距此6公里处的“道教总庙”三清宫安坐，以为明日举行的“三清盛典”助兴，我则与尚勤学、杨晋平二同志将部分展品运往宜兰市西关帝庙布展。

3月16日上午，我们三人赶往三清宫。这是一座奉祀道教最高之神即玉清元始天尊、上清灵宝天尊和太清道德天尊（均为铜铸，每尊重2100公斤）的庙宇，始建于1970年，位于宜兰县冬山乡梅花湖风景区山麓。沿途青山耸翠，碧湖澄绿，湖光山色，相映成趣。其建筑风格与台湾大多小巧玲珑的庙宇迥然有异，俨如北方古建那样的雄伟壮丽。此时，天空中又下起了蒙蒙细雨，依山而建、万木翠拥、古香古色的三清宫，不一会儿便被那弥天漫野、不知是轻云还是薄雾抑或是山岚，重重地锁住。远远望去，就好像一幅气势雄浑的国画一般壮丽秀奇。但当你置身其中，又不禁恍入仙境，令人着迷。

尽管雨还在不停地下着，并渐渐浸透了人们的衣衫，但不论那些西装革履的先生女士、服饰各异的宗教信徒，还是台湾的政要平民，仍或乘车或步行，纷至沓来。附近各庙的诸路神祇，也都在法师的引导下，由善男信女们一起簇拥着，或悠闲地乘坐着八抬大轿，或被人毕恭毕敬地抱着，在阵阵单调的锣鼓声中，伴随着哗哗作响的轿铃，蜂拥而至，以祈“神”的灵光分布。将近午时，人、“神”俱到，约有上万人众。一声“大典开始”，一片吟诵，万人叩首。此时，我们的“关老爷”也就正襟危坐于大殿里，与三清诸神一起“领受”着信徒们这虔诚的膜拜和敬奉。

大典结束，已是下午时分。我们又应邀随“关公”返至罗东，将“关公”安放于昭灵宫“作客”。随行的锣鼓队也在此作了约2个小时的助兴演出。次日，由我们的锣鼓队开道，宜兰市西关庙一行数人又将“关公”及其随身左右的“青龙偃月刀”恭迎入该庙安奉。之后，24小时由市民自由参拜。每日上午9时，下午3时，晚上8时，关公锣鼓准时在庙前的十字街头震天作响。来自中国内地关老爷故乡的“关公”、“关刀”及丰富多彩的“关公文化展”和关公锣鼓队的精彩表演，确令那些只是一味崇拜关公尚不知关公是何许之人，还有那些虽有幸来过解州但未必能看到如此系列的展出和活动的人大饱眼福。

3月20日是我们宜兰之行的最后一日。为了让“关老爷”的“神灵”永护，同时为明日“关老爷”“送行”，西关庙的所有执事及众多的宜兰市民，一大早就都纷纷主动地来到庙里或杀鸡宰鹅，洗鱼做菜，筹备祭品，以便供奉，或设案摆桌，洒扫庭除。当夜幕降临时分，一切准备就绪。长约5米、宽约2米的大祭案上，恭恭敬敬地摆放着一头整猪和一盘盘鲜嫩的鸡、鸭、鹅、鱼、瓜、果、桃、梨，还有不少当地的手工艺食品，种类约在50种有余。其数之多，其色之鲜，其工之精，真可谓丰美无比，令人垂涎欲滴。吉时即到，顿时磬鼓阵阵，唢呐声声，香烟袅绕，诵声时闻。隆盛而典雅的祈福大会，沉浸在一派庄重而肃穆的氛围里。

21日上午9时，一阵炮声过后，以西关庙副主委洪彬雄先生率领的当地锣鼓小队为导引，该庙中的关平、周仓供像作“前卫”，我们的“关老爷”遂“起驾”，由大小10余辆的车队前呼后拥送出宜兰10余里，又浩浩荡荡地向基隆进发。

七、基隆"绕境"港城空

基隆，是台湾著名的省辖市之一，也是台湾一个重要的海港。位于台湾岛的北端，面临东海，扼北部之门户。基隆港面向东北开口，外窄内宽，形似鸡笼，故旧称"鸡笼"。清同治十一年（公元1872年）设海防于此，始易今名，以示"基地隆昌"之意。全市面积约133平方公里，约四五十万人。据悉，早在1723年前后，福建省人民首先移居并开发此地。1860年，清政府正式在基隆开港，1863年（清同治二年）辟为商埠，为台湾最早发展起来的一座工业城市和现今台湾北部最大的港口。由于特殊的自然地理环境，该市平均年降雨长达214天，降雨量2900多毫米，故又称"雨港"。

3月21日上午11时30分，当我们行至基隆境界，便遥遥望见在海滨宽阔的柏油大道上，行来了一彪旗帜猎猎、服饰鲜艳、车辆肃整的大队人马。经打听，方知是当地组织的队伍专程前来迎"驾"。其中有当地的道教界人士、几个宫庙的阵头（仗义）和新闻媒体记者等。待十余位颇有身份的人士虔诚地向我们的"关老爷"及其大刀恭恭敬敬地上了香作了揖，举行简洁的宗教欢迎仪式完毕，我们便随行前往和平岛天显宫暂憩。

下午1时40分，我们和当地的接"驾"队伍一起，在基隆市文化中心前广场与该市各宫庙派出的阵头会合，集结成一个五六十辆花车鼓队，和近50辆自发前来助阵、各插一面"关"字旗帜的出租车队，共约近百车辆的长龙阵，开始了我们入台后第一次规模壮观、万人空巷的特大绕境宣传（台湾称之为"祈福"）活动。游行活动长达四五个小时，沿途大街小巷，市农工商各界人士，听到鼓乐、鞭炮之声，或驻足街头，合指低首，默默祈福；或设案拈香，恭恭敬敬地站在家门口或商店前，等候"关老爷"到来，"拜拜"、换香。即使是幼儿园的小朋友和刚刚懂事的孩子，也都双手合十，上下晃动着小手。观者、拜者，地下、楼上，无处不有。未及下楼出门者，也索性站在自家的阳台上燃香焚表，朝向"关公"顶礼膜拜。台湾《中国时报》3月22日"基隆焦点"以大幅标题登载："解州关帝本君现身雨港，绕境市区信徒围观膜拜，逾百公斤青龙偃月刀让人开眼界。"

巡境完毕，"关公"则下榻于基隆市文化中心前广场上专为他搭成的"临时行宫"。此前，基隆方面还专程从台北请来一位名叫林元启的年轻道士，在"行宫"内用一双巧手，花三四小时，用白花花的大米雕塑出一尾四五米长神气十足、活灵活现的"米龙"，象征解厄祈福，并以接应"关公"。基隆市数百名知名人士及民众为"关公"举行安座大典，从此，又拉开了基隆市展出活动序幕。

说来也巧，安座大典刚刚结束，天空骤然黑云压城，瓢泼大雨顷刻而至。因此，人们便纷纷议论，“关老爷”临境，便祥雨倾盆，兆示着基隆风调雨顺，人民康宁。

从我们到达基隆那天起至3月27日展出结束7天期间，尽管细雨绵绵，大雨不绝，但广场上的临时展厅前，观者仍是川流不息，络绎不绝，尤其是星期天，喜欢白天拼命工作而夜间尽情玩乐的台湾人，晚上来此参拜者也为数不少，直至次日凌晨两三点。

八、三峡“作客”宫庙红

3月28日上午10时至12时，我们的大队人马又集结转巡到台北县的三峡镇。

台北县是台湾人口密度最高的县份之一。它位于台湾岛的北端，东南与宜兰县交界，西南与桃园县毗邻，东北、西北濒海。全县面积2052平方公里，约辖5市7镇17乡，而三峡则是其中一个重镇。

我们此行三峡，主要是应邀让“关公”巡行该镇几个主要庙宇。我们首先随“关公”来到三峡镇“万圣鉴录三界天台大圣会”会场。据说，为了举办这个大法会，也为了迎接大陆来的“关公”首次“驾临”三峡“作客”，当地竟耗资700余万元台币（约合人民币210多万元）搭建了这座临时宫殿，以方便民众祈福求安。

午饭后，我们再随“关公”来到长福岩清水祖师庙。据资料介绍，清水祖师俗名陈应昭，系北宋开封府祥符县（今河南开封）人，曾追随宋丞相文天祥义举勤王，英勇抵抗元兵，转战大江南北，为抗元扶宋民族英雄之一。明太祖追念其功在国家，敕封为“护国公”，诏命于福建安溪县清水岩立祠崇祀，因称“祖师公”，祠曰“祖师庙”。又因其生前隐居于清水岩，故称“清水祖师”。三峡祖庙始建于清乾隆三十四年（公元1769年），期间因地震、兵燹曾三度重建。甲午战争失败，清廷缔结《马关条约》，将台湾割予日本，该镇人民不忍异族统治，曾据庙为营，进行抗击。现为当地画坛名家李树梅先生（公元1902—1983年）自1974年至逝世前历半生之心血所建的一座五门三殿式庙宇。该庙占地宏敞，布局严谨，殿宇紧凑，气势雄浑。尤其是其中的木、石、铜雕刻品和大量装饰品，均极为精致华丽，生动有趣，美轮美奂，而且每幅图案都引经据典，富有寓意，堪称闽台风格建筑中不可多得的艺术佳品。

约作近1小时左右的短暂巡访，“关公”便又起行。由于我另有任务，未能与大队随行，待办完事情赶回团里，许多锣鼓队的同志便纷纷向我慨叹道：“真可惜！下午有个十分精彩的迎‘驾’场面，你却没有看到。”接着，遂绘声绘色地向我说起所见的情景。听完他们的讲述，我不由深深地为之扼腕叹息！

有幸的是，次日中午我便看到了朋友们所描述的那种场景。

那天上午约9点钟左右，我们来到昨夜“关公”驻跸的广行宫，准备再随“关公”去别的庙宇“作客”。不一会儿，一些宫庙的接“驾”车队便相继鱼贯而入，广行宫前的小广场上也不断涌入人流。接着，一场热闹、传统、见所未见、境况空前的迎“驾”仪式遂慢慢拉开了序幕：但见各路前来迎“驾”的队伍中，分别走出一位或男或女的“法师”，或边蹦边跳，或载歌载舞，嘴里均振振有词，喋喋不休。更有甚者，或手持布满铁刺的狼牙大棒，或手挥寒光闪闪的钢片大刀，赤脚光背，在一堆大火上，边行边舞并前后不停挥动着，在自己光背上或打或砍，即使是血流浃背，或是血染满面，也都无所顾忌，在所不惜。其虔诚行为、其崇奉程度真令人难以想象得出，也让人难得一睹！记得在我们下来巡展之前，台湾的朋友就多次告诉我说，只要我们到了乡下，尤其是越往南部走，你就越能感受到台湾民众对关公的崇敬。此话的确一点不假，使我深感不虚此行。

尔后，我们又连续去了广泽王宫、紫微天后宫（祀妈祖）等，其迎送仪式与在广行宫时均小异大同，所到之处，同样受到台湾同胞的格外欢迎，这些庙宇也因“关公”有幸“驾临”该宫而香火日盛，更显名声。

九、关帝、妈祖喜相逢

在台湾的行政区划名称中，如同既有台北市、高雄市（均与省平行），又有台北县、高雄县一样，还有像台中、台南、新竹、嘉义几个同名的省辖市和一般县（市）。我们此次所到就是其中的台南县。

位于台湾西海岸南部的台南县，西临台湾海峡，南、北、东为高雄、嘉义县环抱。而该县正处嘉南平原中心，溪流纵横，水库、湖泊甚多，素有“水的天堂”之称。全县面积2016平方公里，辖新营、盐水等8镇和下营等23乡。

在台方的安排下，我们重点去了下营和盐水这一乡一镇。

时值3月底，正是花木繁荣的好春时节。此时，也是台湾地区猪瘟（口蹄疫）肆虐之际，台南的下营、盐水等地恰属此疫的重灾区之一。因此，当我们一到下营，无数民众即自发地纷纷燃香膜拜以祈福祉，更诚望“关老爷”能救生灵于水火，消灾解厄，驱除瘟疫。百姓的愿望如此，就连台湾的报刊和当地电视也大张旗鼓地作出类似的宣传，从而更为我们的展出活动加温添薪，推波助澜。

“关公”的绕境祈福活动在下营轰轰烈烈地进行，一场声势空前的盛会同时也在盐水酝酿成功。

1997年4月1日，在盐水武庙负责人林益仁先生的精心策划下，我们的展品不仅如期在盐水关庙展出，而且由他一手导演出惊人的一幕——终于让最受台湾民众崇敬和信奉而又恰都正在宝岛“巡幸”的大陆两大神祇——湄州妈祖和解州关公在千年古镇盐水相逢！

当天一早，极富热情而又精明能干的林先生，早已将组织庞大的欢迎队伍带到盐水境界等候，一阵阵震耳欲聋的鞭炮声后，便开始起行绕境。参加此行的车队虽不及基隆那样壮观，但大街小巷到处都挂着“欢迎关圣帝君驾临盐水”的大小彩标和宣传品，当地约几十个宫庙的各路神明也都倾城而出，抬轿、花车、游行队伍，前后绵延约几华里，宛如一条迤逦而行的长龙。沿街民众设香案，上供品，燃黄表，膜拜恭迎，尤为虔诚。中午12时左右，由福建湄州去台祈福的妈祖女神与我们从山西赴台巡展的“关圣帝君”在这座历史名镇上邂逅相逢！顿时间，炮声震天，锣鼓撼地，群情高涨，古镇沸腾！因为，能目睹这两尊地隔千里、时隔千年，而又都深受他们信仰和敬奉的神明，今日有缘在此结遇，真是千载难逢，三生有幸！

轰轰烈烈的绕境活动几乎长达一天，达到近乎狂热的程度。下午6时左右，游行的队伍又相继云集到盐水武庙门口。在庙前广场上，“关公”居高临下，正襟危坐，各庙神明包括妈祖也都面向“关公”恭敬作辞，期间仍免不了极富宗教程式又有民俗风情的表演，尔后依依惜别，各自回宫。当夜幕降临，华灯初上，盐水武庙广场上又是灯火辉煌，一片灿烂。在为我们专门搭设的临时舞台上，锣鼓队又进行了精彩的表演，博得连连喝彩声。晚8时后，由盐水武庙组织的队伍又要上街去游行宣传，直至次日凌晨两三点。他们对“关公”的虔诚与崇奉程度，尤其是他们的这种精神，实在让我们这些“关公故里”的人由衷赞服，而又自愧不如。

其实，在台湾民众供奉的无数神明中，最受崇敬者还是莫过于妈祖和关公，而盐水人对关公更是情有独钟。据说，早在清光绪十一年（公元1885年）七八月间，盐水一带瘟疫肆虐，死者甚众。情急之下当地人们遂祈求关公，关公乃于元宵之夜命周仓为前导，乘着神轿前来伏魔。那些善男信女们紧跟着关公绕街串巷，一路燃放鞭炮，直至天明，终将所有恶魔扫尽除清，百姓们由此获生，人人康宁。从此以后，每当元宵之夜，当地家家户户都要迎请关公出巡全境，照例燃放鞭炮，以求消灾解厄，富贵常生。随着历史的演进，盐水的人们已把当初那种单纯祈福求生的行为，繁衍成为一种更具规模、远近驰名而又极富乡土文化特色的民俗活动。每当正月十五来临，盐水人便把花炮扎成捆，一簇簇串在一起，一包包堆放在一起，或放置于高低不等的特制炮架上，名为“蜂炮”、“蜂城”，或整齐而有致地排列于镇上大街小巷的地下、空中，但等月升中天，烟火齐放，繁花似锦，炮声连天，彻夜轰鸣。观者人如潮涌，摩肩接踵，形成一派灿烂辉煌的壮观场景。

可以说，三天的盐水展出活动，是我们出行宜兰、基隆、三峡之后掀起的又一次大高峰。

十、巡展告捷终高雄

适值百卉争喧、繁葩竞露、春色正浓的清明时节，我们又来到台湾最南端的高雄市巡展。

高雄市是台湾最大的港口城市，也是岛上仅次于台北市的第二大城市。它地处嘉南平原与屏东平原之间，面临台湾海峡南口，陆、海、空交通极为发达。历史上曾有“打狗”、“打港”、“西港”等名称，1920年改称今名高雄。全市面积152平方公里，市下辖左营、旗津等十个区。

4月4日上午，我们首站在左营天府宫展出。“关公”即到，该宫内外炮声四起，鼓乐喧天，自然也少不了一个热闹非凡的迎“驾”安座仪式，四处的信徒及香客闻讯，亦都纷纷前来上香祈福。6日上午，高雄市“洪门南区联谊会”（崇奉关公组织）还组织了会员百余人，个个身着具有本组织特色的服饰，毕恭毕敬地举行了隆重的“供奉关圣帝君参圣大典”。高雄市正、副市长也率众专程前来主祭并行大礼参拜。其仪程繁缛讲究，祭祀也极为规范传统，与我们解州关帝庙的“金秋大祭”小异大同。整个奉祀典礼过程费时约1个钟头，前来观看并随同祭奠者约数百人之众。

4月7日上午，巡展至高雄市文武圣殿，同样受到格外的礼遇与热烈欢迎。文武圣殿的负责人见到我们，感到分外高兴。他告诉我们，前几年他曾率团来过解州谒拜朝圣。遗憾的是，他们千里迢迢而来，却被木栅拒之殿外，未能走近“关公”，真真切切目睹“关圣”的风采和尊容，只好在“关老爷”像前上一炷香，以表虔诚和崇敬。想不到今日却在高雄相逢，看到了从关公故里远涉而来的“关圣帝君”真容，真是让人高兴，令人激动。因此，在文武圣殿巡展的那几日，他们不仅对我们十分关照，而且把敬奉“关老爷”的活动安排得井井有条，有始有终。

活动完毕，我们全队人马即乘车连夜赶往台北，至次日凌晨2时，约长途跋涉5个钟头始抵台北而后休整。

后来据说，当我们返往台北途中，因一家庙宇执意争留“关公”也到他们那里“作客”、“巡幸”，而竟发生与主办单位打架斗殴的事情。

十一、延期善后静待命

本来，按照我们行前与台方签订的协议，整个展出活动为两个月，至4月3日就将结束。但由于台方主办单位一再要求延期，而且当时也正处于巡展高峰，故经薛麦喜先生电传再次报请文化部、国务院对台办批准，又延期一月展出。

当我们从高雄市返回台北后的第四天即4月16日下午，关公锣鼓队便提前踏上归途。至此，展出团也只剩下乔映明、薛麦喜、尚勤学、杨晋平和我5人。这时的主要任务，一是负责部分展品继续在台北士林区捷运广场顺利展出，圆圆满满完成我们的展出交流使命；二是处理展出以来的善后工作，尤其是保证人、物如期安全返回。直言坦诚地说，到台以后主办单位的许多台湾朋友对我们的确关照备至，但在展品、人员返程问题上，个别主办者在利益驱使下的一再出尔反尔，确给我们的合作蒙上了一层极不愉快的阴影。不过，在台方有关单位尤其是山西同乡会以及台北火天传播事业有限公司董事长薛一新先生（祖籍临汾）夫妇、台湾沈春池文教基金会秘书长黄静女士等人士的鼎力义助下，经过我们无数个日日夜夜的据理交锋，最终不仅在台北愉快地度过了最后一个月，而且不负各级党和政府的殷殷重托，圆满地完成了此次赴台展出交流的使命，顺利地踏上归程。

十二、整装载誉踏归程

1997年5月4日6时半左右，我们一行5人，乘车飞奔桃园机场，尔后入关登机。当时针指向8时45分钟，我们乘坐的这架银鹰便正点腾空。俯瞰宝岛，俨然一幅绒绣般的壮丽图景。蓦然回首百余天的岛上南北之行，旧日的台湾印象与眼前这幅现实图景有趣地重叠起来，令人对这片美丽而神奇土地的面貌与认识渐渐清晰：面积约3.6万平方公里的台湾省，宛如芭蕉叶形状，漂浮在我国东南边缘的大海之上，四周一片汪洋。北临东海，东临太平洋，南界巴士海峡与菲律宾相邻，西隔台湾海峡与福建省相望。全省恰扼西太平洋航道之中心，是我国与太平洋地区各国联系的交通枢纽和天然屏障。

台湾本岛是我国第一大岛（南北长394公里，东西最大宽度114公里），共有大小岛屿88个，故称“多岛之省”，也是我国第一个以岛称省的地方。岛上那十分复杂的地貌类型，如鬼斧神工一般，形成了一道道风景壮丽的自然景观：高山挺拔雄伟，峡谷险峻奇丽，丘陵绵延起伏，平原坦荡如砥，台地鳞次栉比，盆地优良标准，海岸怪岩林立，海湾曲折迤逦……真可谓多姿多彩，气象万千。

当飞机腾向万米高空穿入云层，我们仿佛掉入无边无际、洁白如絮的棉海之中，转瞬之间，又好像闯入奇幻无穷的神宫仙境……

约行1小时40分，我们随机着陆香港，飞机中那颗久久紧张而高悬的心才落了地。此时，随着7月1日的迫近，香港各界都正在紧锣密鼓地筹备喜迎回归。当看到那些忙碌的人群，我不由地暗自沉思：我那刚刚辞行的美丽的宝岛，你究竟打算何日统一归来？！

我们原本计划于返里之前，顺便在香港这五光十色的世界旅游几天，有幸最后一次目睹回归前香港的容颜，但怎奈早已归心似箭。于是，我们迅速买了九龙至广州的火车票，下午3时左右即抵达广州。次日，我们又乘上广州至西安的列车，终于在5月16日返回运城。

至此，自1997年1月29日动身赴台至顺利返回，先后共历时108天，结束了我们的整个展出交流行程。

十三、文化交流显奇功

回顾我们的整个展出交流过程，可以毫不夸饰地说，获得了圆满成功。它不仅是我区有史以来对台文化交流史上一件从未有过的大事，而且也是大陆对台文化交流项目中令人瞩目的展出盛事。

在为期百余天的展出期间，我们先后在台湾由北而南394公里长线上，辗转于宝岛台北、高雄、基隆、宜兰、台南等六个大中城市的近20个展出点，并进行了多次规模盛大、声势空前的绕境宣传活动，掀起了非凡的轰动效应。关公、“关公文化展”成为很长一段时期内台湾各大新闻媒体竞相追踪报道的焦点和重点。他们先后播发的有关展出交流的消息、报道就近50多篇（次），观众总数约500万人次。

百余天的展出和交流，取得了良好的经济效益，尤其是无可估量的社会效应。其意义不仅仅是交流了文化，宣传了关公，重要的是交流了两岸人民的感情，宣传了运城，宣传了山西省，提高了山西，特别是关公故里的知名度。因为在此之前，关公的声名在台湾可谓家喻户晓，妇孺皆知，但仍有很多人并不知道他们心目中这位“万能之神”的祖籍、故里就在山西之河东，更不知他的祖祠、祖茔以及世界最大规模的关庙在山西运城。通过参观、交流，不仅使更多的人进一步了解关公，知道了河东—运城，而且激起了许许多多台湾同胞对运城的向往和敬慕，或决心到运城一睹祖祠、祖庙之风采，千里迢迢来朝“圣”；或争相打听山西、运城的旅游和投资环境，准备做一些有益于“关老爷”的事情。

不止如此，百余天的展出和交流，更使我亲眼目睹、亲身感受到台湾同胞对我们这些“大陆人”的好客与热情，尤其是或同乡、或同源、或同种、或同文化的至亲之情，以及他们对历史名人的敬重、爱戴之情，特别是对关公及其精神的信奉与崇敬之情。当我们的展出每到一地，尽管素不相识，但都像见到久别的亲人和朋友一般，问寒问暖，热情送迎，有的甚至我们走到哪里，都能见到他们的身影。那些去台已久的山西同乡，特别是运城籍的“老兵”，对我们更是关怀备至，意殷情浓。他们有的生怕我们对台湾的生活不习惯，开车跑遍全城专为我们这些“晋南人”买来馒头，送来辣子。有的纷纷相约、结伴而来看望我们，有的还请我们去饭店或家里吃饭，借以畅谈家乡变化，共叙乡情。其中之 ，最令人感动，让我久久难以忘怀的就是家住高雄、祖籍永济的王生良先生，当得知我们到达高雄，因住地较远，出行不便，王先生从早直等到晚上他儿子下班，开车专程从几十里外赶来看望我们。第二次他又不顾七十高龄，索性自开摩托车，几经打听到另一展出地来找我们。当时，关公锣鼓队正在表演。寒暄之后，老人便急迫地说："我已几十年没有听到家乡的锣鼓声了，让我先去看看表演。"结果，一曲未了，老人竟情不自禁，老泪纵横，掩面离去……我遂陪同他一起到下榻处，老人一再说："见笑了！实因我少小离乡来台数十年，想不到能在这里见到这么多的乡亲，听到如此动人的乡音！"言谈间，我进一步了解到，这位老者不仅仅念念不忘家乡，而且还于前年为他独生儿子特地从老家娶回了一位端庄贤淑的儿媳。

天色已晚，当我们握手言别，只见老人意犹未尽，两行老泪瞬间又在眼眶里滚闪欲滴……

在台湾的日子里，我们也结识了一批生在台湾长在台湾的大陆籍中青年朋友们。他们中有企业界的、文化界的、山西同乡会的，也有从事其他工作的。如企业家沈庆京（又名小沈）先生、社会活动家黄静女士、山西年轻一代老乡薛一新先生等。他们对既熟悉又陌生的故土，依然酷似其父辈们那样的一往情深。因为，他们认同他们的血脉里流淌着中华民族的血，是炎黄子孙者，大陆就是他们的"根"！所以，在展出过程中，尤其是我们工作处于逆境时，也都给予我们鼎力相助。

通过百余天的展出交流，我们在人际交往、协议谈判、工作实施等方面，也摸索积累了不少新的知识，都将会为我区乃至全省今后的赴台文化交流提供诸多的经验和借鉴。

山西省委秘书长武正国，原山西省政协主席、现任山西省黄河文化经济发展研究会会长李修仁两位领导，对此次赴台展出交流曾这样评价："这次展出总的讲是很成功的：扩大了影响，广交了朋友，增进了了解，有利于发展两岸人民间的友好交往和经济交流；政治上也没有发生任何有损于两岸人民友好团结的事情……这些都是双方共同努力和支持的结果。这些成绩要肯定，要强调，要宣传。"

行文至此，追记亦当结束，但赴台展出前后的历历往事犹在心头往复不停地闪动，令人思绪纷纷。于是，我不由突发奇想，谨将本文中的每部分标题撷拾集录，权作拙诗一首，借以对整个展事再作总结回顾，并以此永远铭记那令人难忘的一幕一幕：

顺时应势始诞生，历尽曲折终成行。
奔波万里赴宝岛，不辞辛劳效使命。
台北首展传佳声，宜兰出行享盛名。

基隆“绕境”港城空，三峡“作客”宫庙红；
关妈盐水喜相逢，巡展告捷终高雄。
延期善后静待命，整装载誉踏归程。
回首展事言难尽，文化交流显奇功！